Brot und herzhaftes Gebäck

Kochen – köstlich wie noch nie

Brot und herzhaftes Gebäck

in großer Vielfalt:
Brote hell und dunkel, Brötchen und Gebildgebäck, pikante Kleinigkeiten, Pizzen, Quiches & Co.

Das große GU Bild-Backbuch

mit den besten Rezept-Ideen von
Cornelia Adam, Elke Alsen, Dagmar von Cramm, Marey Kurz, Hannelore Mähl-Strenge, Annedore Meineke, Bernd Schiansky, Brigitta Stuber und Annette Wolter,
herausgegeben von

Annette Wolter

Die Farbbilder gestalteten

Rolf Feuz und Karin Messerli

GU GRÄFE UND UNZER

Das finden Sie in diesem Buch

Über dieses Buch
Seite 6

Tips für die Praxis
Seite 7

Die Brotteigarten
Seite 8–11

Brot in Form gebracht
Seite 12–13

Wichtige Details
Seite 14–15

Duftendes Brot
Seite 16–49

Brötchen und Gebildgebäck
Seite 50–73

Kleinigkeiten für Zwischendurch

Seite 74–101

Pizza, Quiche & Co.

Seite 102–129

Die wichtigsten Backzutaten

Seite 130–133

Backformen und praktische Küchenutensilien

Seite 134–135

Der Inhalt des Buches von A bis Z

Seite 136–138

Über dieses Buch

Backen hat oft etwas mit Vorfreude zu tun. Für einen Festtag, für besondere Gelegenheiten, zum Verwöhnen lieber Gäste, zu Ehren eines Jubilars wird gebacken. Doch für Viele haben sich die kulinarischen Wünsche von süß auf herzhaft verlagert. Sie schätzen raffiniert belegte Pizzen, Tartes mit Meeresfrüchten, Wähen mit Sahneguß über delikatem Gemüse, feines Käsegebäck, pikante Törtchen genauso wie andere den Geburtstagskuchen, die festliche Torte. Aber auch Brot und knusprige Brötchen aus dem eigenen Herd gehören häufig zum Backprogramm vieler begeisterter Hobbybäcker.

Im vorliegenden GU Bild-Backbuch finden Sie deshalb Rezepte für herzhaftes Gebäck in vielen Varianten. Die exklusiv für dieses Buch gestalteten Farbaufnahmen zeigen Ihnen die verlockenden Backergebnisse und helfen bei der richtigen Auswahl für bestimmte Gelegenheiten; gleichgültig, ob Sie etwas Besonderes für die Abendeinladung suchen, das Passende fürs sommerliche Picknick, das Sonntagsfrühstück oder für eine Party.

Die Zusammenstellung der Rezepte haben wir uns nicht leicht gemacht. Jeder der beteiligten Autoren hat mit seiner langjährigen Erfahrung und großen Fachkompetenz seinen Beitrag für die Rezeptvielfalt in den einzelnen Kapiteln geleistet. Das Resultat: lauter beliebte und bekannte Brote und Brötchen, reizvolle Kleinigkeiten sowie Kuchen mit Tradition und neuere Kreationen.

So finden Sie in jedem Kapitel viele Vollwertrezepte. Anderes wird nach gewohnter Art mit den bekannten Mehlsorten gebacken. Wer ausschließlich mit frischgemahlenem Vollkornmehl backen möchte, kann die angeführten Mehle nach Belieben austauschen. Bedenken Sie dabei nur, daß Teig aus Vollkornmehl immer etwas feuchter und klebriger sein muß als Teig aus Auszugsmehl. Die richtigen Mengenverhältnisse lassen sich leicht bei einem Vollwertrezept nachlesen. Zusätzlich finden Sie in den Erklärungen und den Schritt-für-Schritt-Fotos detaillierte Angaben darüber, was beim Zubereiten von Brotteig wichtig ist, wie man Hefe, Sauerteig und Backferment behandelt, wie Brote und Brötchen geformt und gestaltet, wie Pizzen oder Kuchen belegt oder gefüllt werden oder wie Brioches entstehen.

Die gründlich getesteten Rezepte haben wir so unkompliziert und leicht nachvollziehbar beschrieben, daß Ihnen alles gut gelingt. Die rot gedruckten Hinweise in jedem Rezept signalisieren, ob das jeweilige Gebäck leicht gelingt oder etwas Fingerspitzengefühl erfordert und ob es – wie für die meisten Brote – viel Zeit braucht. Außerdem weisen die Aussagen auch auf Vollwertrezepte hin oder auf Spezialitäten. Die Angaben von Vorbereitungs- und Backzeiten sowie die Zeit für die Fertigstellung eines Gebäcks ermöglichen eine sinnvolle Planung. Aufgeschlüsselt sind die Rezepte außerdem nach ihrem Energiegehalt – Kilojoule/Kilokalorien – und den Nährwerten Eiweiß, Fett und Kohlenhydrate. Wichtig für alle, die sich bewußt ernähren.

Nach den einleitenden Seiten mit den vielen Schritt-für-Schritt-Aufnahmen gibt es vier Rezeptkapitel. Im ersten, »Duftendes Brot«, finden Sie eine Vielfalt von Broten: ganz einfache, leichte für den Frühstückstisch, interessant gewürzte und Typisches aus anderen Ländern. Das Kapitel »Brötchen und Gebildgebäck« zeigt, daß die Knusprig-kleinen durchaus nicht langweilig sein müssen. Hier gibt es Buchweizenbrötchen, Dinkelschnecken, Muffins, Kräuterscones, Laugenbrezen, Zwiebäke, Croissants, Ringbrötchen und viele mehr. Dann folgen im dritten Kapitel »Kleinigkeiten für Zwischendurch«, die aber je nach Art ebenso gut für unterwegs oder für den Abendimbiß taugen. Natürlich wurde auch an Käseplätzchen gedacht, an Bierstangen oder Grissini und an fein gefüllte Taschen, Beutelchen, Piroggen, Hörnchen und Törtchen. Schließlich stellen wir Ihnen im Kapitel »Pizza, Quiche & Co.« eine Reihe von beliebten Pizzen, herzhaften Pies, zarten Tartes, Wähen und Quiches vor, die gut schmecken, den Anspruch des Besonderen erfüllen und sich hervorragend für unkomplizierte Gäste-Essen eignen.

Nach den Rezeptkapiteln beschreiben wir in der reich bebilderten Warenkunde noch die wichtigsten Backzutaten. Hier erklären wir den Unterschied zwischen Auszugsmehl und Vollkornmehl, das Typische der einzelnen Triebmittel und geben weitere Anregungen für das Würzen von herzhaftem Gebäck und für besondere Teigmischungen. Außerdem nennen wir die gängigsten Backformen, praktische Backhilfen und Geräte, die das Backen leichter und sicherer machen.

Das ausführliche Rezept- und Sachregister hilft Ihnen, schnell das gewünschte Rezept zu finden. Es sei denn, Sie lassen sich von den brillanten Farbbildern inspirieren, die einen optischen Vorgeschmack der Backergebnisse eines jeden Rezeptes zeigen und eine erste Entscheidungshilfe bieten.

Viel Glück beim Start, Freude und Erfolg beim Backen wünschen Ihnen

Ihre
Annette Wolter
und alle Mitarbeiter

Übrigens, die Abkürzungen kJ und kcal in den Rezepten bedeuten Kilojoule und Kilokalorien.

Tips für die Praxis

Warum Brot selbst backen?

Das Angebot an unterschiedlichen Brot- und Brötchensorten ist reichhaltig wie noch nie. Nichtsdestoweniger ist der Brotkauf nach wie vor Vertrauenssache, vor allem wenn man auf Vollkornbrot Wert legt. Nach den Richtlinien des Bundes für Lebensmittelrecht und Lebensmittelkunde muß bei Vollkornbrot und -brötchen 30% Vollkornmehl verarbeitet werden. Nicht selten wurden jedoch nur eine Handvoll Körner in den Teig geknetet und im schlechtesten Falle stammt die dunkle Farbe, die ein Vollwertgebäck vortäuscht, nicht von frisch gemahlenem Roggenmehl, sondern von Zuckercouleur.

Die Scheu vor fälschlicherweise als schwierg geltendem Hefe- und Sauerteig gilt es erst einmal zu überwinden. Damit schon das erste selbstgebackene Brot ein Erfolg wird, haben wir nachfolgend wichtige Tips zu diesem Thema zusammengestellt.

Grundsätzliches zum Teig

Damit Hefe- und Sauerteigbrote schön locker werden, muß der Teig in Ruhe »gehen«. Die Voraussetzung dafür ist Wärme. Die genau abgemessenen Zutaten des Teiges dürfen nicht unmittelbar aus dem Kühlschrank kommen und die Küche muß Zimmertemperatur (etwa 22°) haben. Außerdem reagiert Hefeteig empfindlich auf Zugluft. Beim Gehenlassen des Teiges sollte man sich nicht nur an der angegebenen Zeit orientieren, sondern mehr am sichtbar vergrößerten Teigvolumen. Muß Sauerteig gar 12 Stunden lang gehen und ist die Raumtemperatur von 22° nicht garantiert, stellt man den Teig bei eingeschalteter Innenbeleuchtung in den Backofen. Man erreicht damit eine Umgebungstemperatur von etwa 24°. Nur ausnahmsweise wird der Teig kühl gehalten, um ihn besser formen zu können, wie beispielsweise Mürbeteig.

Gründliches Teigkneten verschafft dem Brot eine lockere, feine Krume. Das Brotteigkneten mit den Händen ist für viele geradezu ein sinnliches Vergnügen, schneller erledigt dies jedoch ein elektrisches Handrührgerät oder die Küchenmaschine.

Das Formen des Teiges

Hefeteig läßt sich gut von Hand formen. Räumt man ihm aber zu viel Zeit zum Gehen ein, besteht die Gefahr, daß er sich beim Backen über das ganze Blech ausbreitet. Zu wenig Ruhezeit bewirkt, daß das Gebäck zu fest wird. Teige aus Vollkornmehl oder -schrot mit Sauerteig müssen feuchter sein als andere Teigarten. Ist die Konsistenz des Teiges allerdings sehr weich, holt man unter Umständen ungewollterweise einen breiten Fladen aus dem Backofen. Bäckt man diesen Teig jedoch in einer Backform, so ist das Ergebnis ein sehr saftiges Brot. War der Teig zu fest, wird das Brot leicht trocken.

Backtemperaturen und Backzeiten

Die Backtemperaturen werden in den Rezepten in Graden angegeben. Diese erprobten Empfehlungen müssen jedoch in einzelnen Fällen auf die Leistungskraft Ihres eigenen Herdes abgestimmt werden, denn nicht jeder Backofen reagiert exakt auf die Gradeinstellung. Es ist unerläßlich, sich an die Gebrauchsvorschriften des jeweiligen Herstellers zu halten. Hilfreich für die genaue Überprüfung ist ein Backthermometer.

Je nach Herdtyp ist es nötig, den Backofen 10 bis 15 Minuten vor Backbeginn vorzuheizen, um die erforderliche Temperatur zu erreichen. Bei Gasherden genügen dazu wenige Minuten, Heißluft- und ganz moderne Elektroherde brauchen gar nicht vorgeheizt zu werden. Beim Heißluft- oder Umluftherd verändern sich die Backzeiten trotz der niedrigeren Temperaturen nicht.

Zu Backbeginn stellt man eine Tasse mit Wasser auf den Boden des Backofens, damit das Brot genügend Dampf beim Backen bekommt. »Schwaden geben« nennt dies der Fachmann.

Temperatur-Einstellungen für die verschiedenen Herdtypen:

Elektroherd	Gasherd (Stufe)	Heißluftherd
90–100°	½–1	80°
110–180°	1–2	90–140°
180–200°	2–3	140–155°
200–220°	3–4	160°
220–250°	4–5	160–175°

Die Behandlung von frisch gebackenem Brot

Zunächst ist es wichtig, die Garprobe zu machen: Man nimmt das heiße Brot mit einem Küchentuch in die Hand und klopft auf die Unterseite. Klingt das Brot hohl, ist es durchgebacken. Damit die Kruste von Vollkornbrot nicht zu hart wird und sich das Brot gut schneiden läßt, besprüht oder bepinselt man es gleich nach dem Backen mit kaltem Wasser. Außerdem bekommt das Brot dadurch eine schöne goldbraune Farbe. Die Bäcker verwendeten dafür früher einen dicken, kompakten Pinsel, den sogenannten Brotbesen. Der Blumenbestäuber oder ein kräftiger Kuchenpinsel sind dafür genauso geeignet.

Vollkornbrot oder Brot aus Mehlmischungen sollte nach dem Backen möglichst 12 bis 24 Stunden ruhen, damit man es in glatte Scheiben schneiden kann. Weißbrot schmeckt am besten ganz frisch aus dem Ofen.

Brot aufbewahren und einfrieren

Roggenbrote halten sich länger frisch als Brote aus Weizenmehl. Einige Tage altes Weißbrot toastet man scheibenweise, Brötchen besprüht man mit Wasser und bäckt sie im Backofen nochmals kurz auf.

Brot muß kühl und luftig liegen. Formschöne Keramikbehälter werden speziell für die Brotlagerung hergestellt. Auf keinen Fall sollte man Brot in Plastikbeutel packen, da sich darin die Feuchtigkeit staut und die Schimmelbildung so gefördert wird.

Nährwerte und die geschmackliche Qualität des Brotes werden beim Einfrieren konserviert. Auch pikantes Gebäck und Brötchen lassen sich problemlos einfrieren und schmecken nochmals aufgebacken wie ganz frisch zubereitet.

Der Hefevorteig

Brote aus Hefeteig sind oft helle Brote aus raffinierten Auszugsmehlen oder aus Mehlmischungen. Damit die Krume des Gebäcks eine nicht zu weiche und grobporige Konsistenz aufweist, braucht Hefeteig dreimal Zeit zum »Gehen«. Da Hefeteigbrote frisch gebacken am besten schmecken, erfordert diese Prozedur eine genaue Arbeitsplanung (ofenfrisches Hefebrot läßt sich aber auch gut einfrieren oder übrig gebliebenes scheibenweise toasten). Wenn man mit frischer Preßhefe arbeitet, die ein geschätzter Vitaminträger ist, muß man zuerst einen Hefevorteig herstellen. Nur bei der Verwendung von Trockenhefe erübrigt sich dieser Arbeitsgang.

Alle Zutaten für den Hefeteig müssen zimmerwarm sein. Die abgewogene Mehlmenge in eine große Schüssel sieben und in die Mitte eine Mulde drücken. Den Hefewürfel in die Vertiefung krümeln, etwas Zucker darüberstreuen, wenig lauwarme Flüssigkeit, Wasser oder Milch, dazugießen und den Brei mit wenig Mehl mischen.

Das Kneten von Hefeteig

Für Hefeteig gilt der Grundsatz: Je länger und gründlicher er geknetet wird, desto lockerer wird das Brot. Für diese Wirkung ist das in Weizen und Dinkel enthaltene Klebereiweiß nötig, das sich durch den Teig zieht und ihn elastisch und geschmeidig macht. Die Hefe erzeugt Kohlendioxydbläschen, die den Teig während der Ruhezeiten deutlich an Volumen zunehmen lassen. Das Kneten des schweren Teiges erfordert mit der Hand viel Kraft und Ausdauer. Wer eine Küchenmaschine besitzt, kann dies getrost der Automatik überlassen. Aber auch die Knethaken des elektrischen Handrührgerätes leisten wertvolle Hilfe.

Auf den Mehlrand in der Schüssel die übrigen Zutaten, die ebenfalls Zimmertemperatur haben müssen, verteilen. Die restliche lauwarme Flüssigkeit dazugießen und alles mit den Knethaken des elektrischen Handrührgerätes oder mit einem Rührlöffel vermengen.

Backferment als Triebmittel

Brote mit Backfermentpulver oder -granulat werden ähnlich hergestellt, wie Sauerteigbrote, und das geht ziemlich einfach, braucht aber viel Zeit. Besonders für Brote aus klebereiweißarmen Getreidesorten wie Roggen, Hafer und Gerste eignet sich Backferment als Teiglockerungsmittel. Nicht so sehr das intensive Kneten des Teiges, sondern die Einwirkung von Wärme in langen Gärzeiten bewirkt hier die Lockerung. Um genügend Wärme zu erreichen, nützt man entweder Sommertemperaturen im Schatten oder den Backofen, in dem die eingeschaltete Lampe eine konstante Temperatur von 24 bis 28° hält. Backfermentbrote sollte man wie Sauerteigbrote erst am nächsten Tag anschneiden; bei trockener Lagerung sind sie bis zu 14 Tage haltbar.

250 g frisch gemahlenes Roggen-Vollkornmehl in einer Schüssel mit 2 Teelöffeln Backfermentpulver, ½ l lauwarmem Wasser und 2 Eßlöffeln flüssigem Honig mischen und 24 Stunden an einem warmen Platz bei mindestens 24° zugedeckt gehen lassen. Die Oberfläche des Teiges sieht dann wie heller, lockerer Schaum aus.

Sauerteig selbst herstellen

Sauerteigbrote werden meist aus Roggen und anderen gemischten Vollkornmehlen hergestellt. Sie schmecken fein säuerlich und sind lange haltbar. Sauerteig erhält man auf Bestellung beim Bäcker, im Reformhaus, aber auch gut sortierte Supermärkte führen ihn in ihrer Kühltheke. Will man Natursauerteig selbst herstellen, empfiehlt es sich für Ungeübte, Sauerteig-Extrakt oder flüssigen Sauerteig als »Starter« zu verwenden. Aus frisch feingemahlenem Roggen läßt sich aber auch mit etwas Mühe und Geduld Natursauerteig selbst herstellen, ohne daß Starthilfen benötigt werden. Einmal zubereiteter Sauerteig ist Grundlage für mehrere Brote; er hält sich im Kühlschrank bis zu 6 Monate.

Am ersten Tag 200 g feingemahlenen Roggen mit ¼ l lauwarmem Wasser und 2 bis 3 Eßlöffeln Buttermilch in einem großen hohen Steingut- oder Tongefäß verrühren und zugedeckt bei mindestens 24° stehen lassen.

Den Vorteig mit Mehl bestäuben und mit einem Küchentuch bedeckt an einem warmen, zugfreien Platz bei Raumtemperatur (etwa 22°) 15 bis 30 Minuten gehen lassen. Das Mehl auf der Oberfläche zeigt dann feine Risse.

Oder die Hefe in eine große Tasse bröckeln, mit dem Zucker und etwa 0,1 l lauwarmer Flüssigkeit verrühren und zugedeckt 15 Minuten gehen lassen. Den Hefeansatz danach unter das Mehl und die übrigen Zutaten mischen.

Den Teig dann mit den Händen kneten, bis er sich vom Schüsselrand löst. Den Hefeteig danach auf einer Arbeitsfläche mit dem Handballen in allen Richtungen etwa 10 Minuten durchkneten; er muß sich zuletzt elastisch und trocken anfühlen.

Den Hefeteig zu einer Kugel geformt und mit einem Tuch bedeckt wiederum an einem warmen Platz ruhen lassen, bis er sein Volumen verdoppelt hat. Darauf muß man 30 Minuten bis 1 Stunde warten. Nach dem erneuten Durchkneten den Teig je nach Rezept formen und nochmals 15 bis 30 Minuten gehen lassen.

Die gleiche Menge Vollkornmehl und ¼ l lauwarmes Wasser unter den Vorteig rühren und die Mischung zugedeckt bei wiederum mindestens 24° 12 Stunden ruhen lassen. Danach muß die Gärung noch deutlicher zu erkennen sein: Der Teig sieht wie zusammengefallener Schaum aus und riecht nach Brot.

Etwa 700 g gemischtes Vollkornmehl und/oder -schrot (je nach Rezept), Salz und Würzzutaten zum Vorteig geben und alles zu einem geschmeidigen, etwas klebrigen Teig verkneten. Den Teig in die gebutterte Form füllen und darin nochmals etwa 2 Stunden gehen lassen, bis er sein Volumen um ein Drittel vergrößert hat.

Am zweiten Tag 100 g frisch gemahlenes Roggen-Vollkornmehl und ¼ l warmes Wasser, am dritten Tag 100 g Roggen-Vollkornmehl und ⅛ l warmes Wasser untermischen. Das Gefäß immer wieder zugedeckt warm stellen.

Am vierten Tag nochmals 100 g Roggen-Vollkornmehl und ⅛ l warmes Wasser unterrühren. Den Sauerteig wieder zugedeckt stehen lassen. Der Sauerteig schäumt während des Gärens immer wieder hoch.

Die Brotteigarten

Sauerteig aus Brotteig

Natursauerteig läßt sich immer wieder, in einem weniger langwierigen Verfahren, als dem oben beschriebenen, leicht herstellen, wenn Sie etwas von einem fertigen Brotteig für Backferment- oder Sauerteigbrot abzweigen. Will man sich nicht gleich nach dem Brotbacken Zeit zum Herstellen von neuem Sauerteig nehmen, so kann man den Brotteigrest auch bis zu 14 Tage einfrieren, danach in lauwarmem Wasser in 1 Stunde auftauen, mit einem Rührlöffel zerdrücken, nach 1 weiteren Stunde mit dem Schneebesen verrühren und anschließend, wie nebenstehend beschrieben, verarbeiten. Innerhalb von etwa 18 Stunden entsteht der Vorteig nach folgender Methode:

200 g frischen Brotteig in einer großen Schüssel mit ½ l lauwarmem Wasser übergießen und zugedeckt an einem warmen Platz bei mindestens 24° 30 Minuten stehen lassen. Den Teig mit einem Rührlöffel in Stücke drücken und wiederum 30 Minuten ruhen lassen.

Salziger Mürbeteig

Für die zarte Teigkruste einer Pie, Tarte oder Quiche und für viele andere pikante Kuchen mit fantasievoller Käse-, Gemüse- oder Fleischfüllung sowie für Käsegebäck wird meist ein salziger Mürbeteig zubereitet. Im Gegensatz zu Hefeteig müssen die Zutaten dafür kalt sein und rasch vermengt werden. Nach einer Ruhezeit im Kühlschrank von 30 Minuten bis 1 Stunde ist Mürbeteig fest genug, damit man ihn gut ausrollen und je nach Rezeptanweisung weiterverarbeiten kann. Grundsätzlich besteht Mürbeteig aus Mehl, etwas Salz und Fett; fügt man jedoch 1 kleines Ei oder 1 Eigelb hinzu, so kann verhindert werden, daß das Gebäck zu mürbe und damit zerbrechlich gerät.

250 g Mehl auf eine Arbeitsfläche sieben, eine Mulde hineindrücken, 1 Eigelb in die Mulde geben. 125 g kalte Butter in Stückchen auf den Mehlrand schneiden, 2 Eßlöffel eiskaltes Wasser und ½ Teelöffel Salz hinzufügen. Alle Zutaten mit einem Messer zerschneiden und vermengen.

Brotteig mit Gemüse

Geschmack, Farbe und Beschaffenheit des Brotes können durch das Hinzufügen von Gemüse wie geraspelte Zucchini, rote Beten oder Möhren, gewürfelte und in Butter glasig gedünstete Zwiebeln, gegarter und pürierter Kürbis, dick eingekochtes Tomatenpüree oder gedämpfte und durch die Presse gedrückte Kartoffeln reizvoll verändert werden. Da Gemüse Flüssigkeit enthält, reduziert man die Wassermenge, die Hefeteig benötigt, so, daß ein fester, gut knetbarer Teig entsteht. Ansonsten ist die Brotherstellung kaum beeinflußt. Vorher erhitztes Gemüse darf nicht heiß, sondern nur lauwarm mit dem Hefevorteig, den übrigen Würzzutaten und dem Mehl vermengt werden.

Den Hefeansatz mit Weizen-Vollkornmehl, Salz, 250 g geraspelten Zucchini, getrocknetem zerriebenem Thymian und so viel lauwarmer Buttermilch verkneten, daß ein geschmeidiger Teig entsteht. Den Hefeteig 1 Stunde zugedeckt bei Raumtemperatur gehen lassen.

Fladenbrote

Sie sind Länderspezialitäten und kommen aus allen Regionen der Erde, die beliebten flachen Fladenbrote in quadratischer, runder oder ovaler Form, aus Weizen- oder Roggenmehl oder einer Mehlmischung beider Sorten und mit Mohn, Sesam, Kümmel oder Hagelsalz bestreut oder mit Mehl bestäubt. Manche Fladenbrote bäckt man in der Pfanne auf dem Herd, die meisten jedoch im Backofen. Bei längerer Backzeit werden die Brote schön knusprig, läßt man sie kürzer im Ofen, sind sie weich und als ganz dünne Fladen mit Knoblauch- oder Kräuterbutter oder Fischpasten bestrichen, gut aufzurollen oder zusammenzufalten.

Den Hefeteig nach dem letzten Gehenlassen in gleich große Stücke teilen, mit bemehlten Händen zu Kugeln formen und diese auf einer mit Mehl bestäubten Arbeitsfläche zu 1 cm dicken Ovalen ausrollen.

Den Teig mit einem Schneebesen verrühren und 250 g Vollkornmehl untermischen. Den Teig 12 Stunden warm stellen (bei mindestens 24°).

Nochmals 250 g Vollkornmehl und ¼ l lauwarmes Wasser untermengen und den Vorteig weitere 6 Stunden zugedeckt ruhen lassen. Danach ist der Sauerteig fertig. Das Brotbacken kann beginnen.

Mit kalten Händen rasch einen geschmeidigen Teig kneten. Den Mürbeteig zu einer Kugel formen und zugedeckt oder in Alufolie gewickelt 30 Minuten bis 1 Stunde im Kühlschrank ruhen lassen. Inzwischen je nach Rezept die Füllung für das Gebäck herstellen.

Den Teig auf einer leicht bemehlten Arbeitsfläche ausrollen und je nach Rezept weiterverarbeiten, zum Beispiel mit dem Teigrädchen zu Quadraten von 12 × 12 cm ausschneiden, die vorbereitete Füllung darauf verteilen, 2 Ecken der Teigquadrate nach oben klappen, mit Eigelb bestreichen und festdrücken.

Den Teig nochmals gut durchkneten, einen ovalen Brotlaib formen und diesen auf dem geölten Backblech zugedeckt 30 Minuten gehen lassen. Den Brotlaib mit einer Rasierklinge dreimal schräg einschneiden, mit Olivenöl bepinseln und auf der mittleren Schiene des Backofens goldbraun backen.

Die Garprobe machen: Das Brot mit einem Tuch aus dem Backofen nehmen, umdrehen und auf die Unterseite klopfen. Klingt das Brot hohl, ist es durchgebacken. Das Zucchinibrot vor dem Anschneiden auf einem Kuchengitter abkühlen lassen.

Die Fladen mit flüssiger Butter bestreichen, mit Sesam bestreuen und sofort auf heiße, gefettete Backbleche legen. Die Fladenbrote im Backofen auf der mittleren Schiene in 10 bis 20 Minuten goldgelb backen.

Die Fladenbrote noch warm mit einer beliebigen Füllung servieren. In der Türkei schätzt man dafür eine scharfgewürzte Mischung aus gebratenen Lammfleischwürfeln, Knoblauch, Zwiebeln, Paprikaschoten und Peperoni oder mit Olivenöl und Petersilie gemischten, zerdrückten Schafkäse.

Brot in Form gebracht

Brotlaibe formen

Knusprige Brote lassen sich je nach Wunsch in den verschiedensten Formen herstellen. Entweder formt man sie mit der Hand oder man bäckt sie in einer speziellen Brot- oder in einer Kuchenform. Das beliebte Korbbrot hat an der Oberfläche ein schneckenförmiges Rillenmuster. Der mit der Hand vorgeformte Teig muß dafür zum Gehenlassen in einen bemehlten Brotkorb gefüllt und vor dem Backen auf das gefettete Backblech gestürzt werden. Brot kann man außerdem gut im Römertopf, in Blumentöpfen, in einer gußeisernen Pfanne oder in Kastenformen backen.

Für ein Bauernbrot den gegangenen Teig mit bemehlten Händen zu einer Kugel formen, etwas flach drücken und zugedeckt nochmals 30 Minuten gehen lassen. Den Laib vor dem Backen mit Wasser oder Milch bepinseln und mit einem in Wasser getauchten Messer schachbrettartig einschneiden.

Brotzöpfe flechten

Kleine und große Brotzöpfe sind immer eine attraktive Bereicherung für den Frühstückstisch. Wer die Mühe nicht scheut, formt aus Brotteig einmal 8 bis 10 kleine Zöpfe. Einen Zopfkranz bildet man aus einem großen Zopf, den man an beiden Enden gut zusammendrückt. In der Bildfolge sehen Sie, wie man einen doppelten Zopf herstellt, der besonders aufwendig wirkt, wenn das Brot gebacken ist, aber halb so viel Arbeit macht, wie man annehmen könnte.

Den gegangenen und gut durchgekneteten Hefeteig abwiegen und in 2 Teile trennen, wobei der größere zwei Drittel des Gewichtes und der kleinere ein Drittel ausmachen soll.

Brötchen-Varianten

Sie heißen Stern- oder Kaisersemmeln, Eierwecken, Sandwich- oder Kleeblattbrötchen, Kümmel- oder Salzstangen und werden meist aus Hefeteig mit oder ohne Eiern, Milch oder Wasser und Salz zubereitet. Damit sie eine goldbraune Kruste bekommen, bestreicht man sie vor dem Backen mit lauwarmem Wasser, Milch, verquirltem Ei oder Eigelb. Zum Bestreuen von Brötchen aus raffiniertem Mehl, Vollkornmehl oder Mehlmischungen eignen sich gleichermaßen, je nach Teigwürzung, Mohn, Sesam, zerstoßener Koriander, Kümmel, Leinsamen, Sonnenblumen- oder Kürbiskerne und Hagelsalz. Außerdem kann man dafür Roggenschrot, gehackte Nüsse oder frisch geriebenen Käse nehmen.

Den Hefeteig in 50 g schwere Stücke teilen. Die Teigstücke mit bemehlten Händen zu Kugeln formen und auf einem gefetteten Backblech zugedeckt 15 Minuten gehen lassen. Danach mit lauwarmem Wasser bepinseln, mit wenig Mehl bestäuben, einmal quer einschneiden und nochmals 15 Minuten gehen lassen.

Luftige Brioches

Das typisch geformte Pariser Feingebäck ist seit langem international bekannt und so schätzt man Brioches, ob sie nun als großer Kuchen oder in den speziellen gezackten Formen in Brötchengröße gebacken werden, mittlerweile nicht nur in Frankreich oder in der Schweiz ganz frisch gebacken zum Frühstück. Für Brioches bereitet man einen butterschweren Hefeteig zu, der das Gebäck dann mürbe und luftig zugleich werden läßt. Statt der speziellen Förmchen können Sie auch Pastetenförmchen verwenden; für Mini-Brioches sind bunte Papierförmchen praktisch, in denen man sie dann auch ganz dekorativ servieren kann. Für Brioches in Normalgröße geht man folgendermaßen vor:

Den gegangenen Hefeteig aus 500 g Mehl, 30 g Hefe, 50 g Zucker, ⅛ l lauwarmer Milch, 3 Eiern, 200 g weicher Butter und 1 kräftigen Prise Salz auf einer bemehlten Arbeitsfläche zu einer Rolle formen und diese in 20 Stükke teilen.

Oder den Teig zu einem ovalen Wecken formen, mit Bier bepinseln, mit Kümmel bestreuen und drei- bis viermal quer einschneiden. Den Brotlaib danach zugedeckt 30 Minuten gehen lassen. Je früher man die geformten Brote einschneidet, desto breiter dehnen sich die Einschnitte beim Backen aus.

Oder den Teig nach dem letzten Gehenlassen nochmals gut durchkneten, zu einem länglichen Laib formen und in eine gefettete Kastenform füllen. Die Oberfläche mit Flüssigkeit bepinseln, längs mit einer Rasierklinge ½ cm tief einschneiden. Den Brotteig in der Form zugedeckt noch 30 Minuten gehen lassen.

Jede Teigportion in 3 Stücke teilen und auf einer bemehlten Arbeitsfläche zu Rollen formen. Die Stränge jeweils zu Zöpfen flechten. Die Enden der Zöpfe zusammendrücken.

Den kleineren Zopf auf den größeren setzen und leicht andrücken. 1 Eigelb mit etwas Wasser verquirlen. Das Zopfgebilde auf ein mit Backpapier ausgelegtes Backblech legen, mit Eigelb bepinseln und zugedeckt gehen lassen. Den Zopf danach nochmals mit Eigelb bepinseln und goldgelb backen.

Für Kümmel- oder Salzstangen den gegangenen und gut durchgekneteten Teig 1 cm dick zu Kreisen von 25 cm Durchmesser ausrollen. Die Kreise über Kreuz in 4 oder 8 Stücke schneiden. Die Teigdreiecke zur Spitze hin aufrollen, 15 Minuten gehen lassen, mit verquirltem Ei bestreichen und mit Kümmel oder Hagelsalz bestreuen.

Den Teig in 60 g schwere Stücke schneiden und diese wiederum in 3 Teile. Die Stücke mit nassen Händen zu Bällchen formen und jeweils 3 zusammensetzen. Die Kleeblattbrötchen zuerst 15 Minuten gehen lassen, dann mit einer Mischung aus Eigelb und Milch bepinseln und mit Mohn oder geriebenem Käse bestreuen.

Von den Teigstücken jeweils ein Viertel abschneiden und beide Stücke mit bemehlten Händen zu Kugeln drehen. Die größeren Kugeln in die gebutterten Förmchen setzen, in die Mitte eine tiefe Mulde drücken. Die Vertiefungen mit verquirltem Eigelb bepinseln und die kleinen Kugeln hineinsetzen.

Die Brioches mit einem Tuch bedeckt an einem warmen Platz 15 Minuten gehen lassen, danach im Backofen auf der mittleren Schiene bei 220° in 15 bis 20 Minuten goldbraun backen.

Wichtige Details

Luxusbrötchen drehen

Je nach Lust und Laune kann aus einem Teig für Brötchen auch einmal ohne großen Aufwand lustige kleine Gebilde backen.

1 Zum Beispiel aus gut 1 cm dick ausgerolltem Teig 25 cm lange Streifen schneiden und diese auf einer mit Mohn bestreuten Arbeitsfläche von beiden Enden her spiralförmig gegeneinander drehen.

2 Etwa 25 cm lange, 2 cm dicke, gerollte Teigstränge von beiden Seiten her in entgegengesetzter Richtung zu Schnecken aufrollen, bis sie sich in der Mitte berühren.

3 Die Enden der Teigstränge entgegengesetzt zu kleinen Schnecken drehen und jeweils 2 Teigrollen übereinandersetzen.

4 Etwa 40 cm lange, dünne Teigstränge ausrollen, deren Enden etwas dicker sind, eine Schlinge formen, das runde Ende nach unten klappen und die beiden Schleifen gegeneinanderdrehen.

Gebildgebäck gestalten

Eine Überraschung für Ihre Partygäste oder ein originelles Mitbringsel für die nächste Einladung. Rezept Seite 54.

1 Aus dem Teig 19 gleichgroße Kugeln formen. 9 Kugeln auf der bemehlten Arbeitsfläche zu 15 cm langen Strängen rollen. Zu Ringen formen.

2 Eine Teigkugel in die Mitte des gefetteten oder mit Backpapier ausgelegten Backblechs legen.

3 Die Ringe um das Brötchen anordnen. Die übrigen 9 Kugeln zu etwa 18 cm langen Strängen rollen und leicht gebogen von einem Ring zum anderen führen.

4 Das Brötchen in der Mitte und die 2 Reihen des Gebildgebäcks abwechselnd mit verschiedenen Samen, wie Mohn, Sesam, Kümmel oder Hagelsalz bestreuen.

Pizza belegen

Pizzen, die weltberühmten italienischen Fladen, werden im allgemeinen aus Hefeteig zubereitet. In der klassischen Form rollt man sie rund aus.

1 Für Pizza quattro stagioni den Teig in 2 Stücke teilen, Kreise von 20 cm Durchmesser ausrollen, jeweils einen kleinen Rand formen. Die Pizzen auf geölte Backbleche legen und in Viertel unterteilen.

2 Die vorbereiteten Tomaten, die Champignons, den Schinken mit den Peperoni und die Artischocken mit der Salami auf die markierten Felder verteilen.

3 Die Pizzen mit Salz, Pfeffer und getrocknetem Rosmarin würzen, mit Sardellenstückchen und frisch geriebenem Parmesankäse bestreuen.

4 Zuletzt 1 Eßlöffel Olivenöl darüberträufeln und die Pizzen auf der mittleren Schiene des Backofens knusprig goldgelb backen.

Quiche füllen

Die feinen, herzhaften Kuchen mit dünner Mürbeteigkruste und vielfältiger Farce, von Eier-Sahne-Creme oder einer dünn ausgerollten Teigplatte bedeckt, stammen aus Frankreich. Ideenreiche Köche haben sich zu allerlei leckeren Kreationen inspirieren lassen.

1 Für eine Eier-Spinat-Quiche zwei Drittel des gut gekühlten Mürbeteiges auf einer leicht bemehlten Arbeitsfläche 32 cm groß ausrollen und mit Hilfe des Nudelholzes in die Springform füllen.

2 Die Hälfte vom abgetropften Spinat einfüllen. Die halbierten hartgekochten Eier kreisförmig darauf anordnen.

3 Den übrigen Spinat, ebenfalls gut abgetropft, darüber verteilen. Die Sahnemischung darübergießen.

4 Aus dem restlichen Teig einen Deckel von 26 cm Durchmesser ausrollen, mit Hilfe des bemehlten Nudelholzes auf die Füllung legen und die Ränder festdrücken.

Duftendes Brot

Würzige Laibe und knusprige Fladen
aus aller Welt

Dinkelbrot mit Haselnüssen

Dinkel, eine dem Weizen verwandte Getreidesorte, hat viel Klebereiweiß und eignet sich daher sehr gut zum Backen

Zutaten für 1 großen Laib:
150 g Haselnußkerne
750 g Dinkelmehl
250 g Roggen-Vollkornmehl
1 Würfel Hefe (42 g)
½ l lauwarme Dickmilch
1 Prise Zucker
150 g Sauerteig
1 Eßl. Meersalz
2 Teel. frisch gemahlener Koriander
etwa 0,1 l lauwarmes Wasser
1 Eßl. Vollkorn-Haferflocken
Für das Backblech: Butter

Vollwertrezept
Gelingt leicht

Bei 30 Scheiben pro Scheibe etwa: 670 kJ/160 kcal
6 g Eiweiß · 5 g Fett
25 g Kohlenhydrate

Vorbereitungszeit: 30 Minuten
Ruhezeit: etwa 2 Stunden
Backzeit: 1 Stunde, 5 Minuten

Die Haselnüsse grobhacken. • Das Dinkel- und das Roggenmehl in einer großen Schüssel mischen, in die Mitte eine Mulde drücken, die Hefe hineinbröckeln, mit etwas Dickmilch, wenig Mehl und dem Zucker verrühren und mit Mehl bestäuben. Den Hefevorteig zugedeckt an einem warmen Platz so lange gehen lassen, bis das Mehl auf der Oberfläche feine Risse zeigt; das dauert etwa 15 Minuten. • Die restliche Dickmilch, die Haselnüsse, den Sauerteig, das Salz, den Koriander und so viel vom Wasser unterkneten, daß ein feuchter Teig entsteht, der sich vom Schüsselrand löst; bei Bedarf noch etwas Wasser oder Mehl unter den Teig kneten. • Den Teig zugedeckt an einem warmen Platz etwa 1¼ Stunden gehen lassen. Sein Volumen soll sich während dieser Zeit deutlich verdoppeln. • Ein Backblech mit Butter bestreichen. • Den Teig noch einmal kräftig durchkneten, zu einem Laib formen und auf das Backblech legen. Den Laib zugedeckt weitere 30 Minuten gehen lassen. • Den Backofen auf 200° vorheizen. • Den Brotlaib mit kaltem Wasser bestreichen, mit den Haferflocken bestreuen und diese etwas andrücken. • Das Brot auf der unteren Schiene in den Backofen schieben. Auf den Boden des Backofens eine feuerfeste Schüssel mit kaltem Wasser stellen und das Brot 45 Minuten backen. Danach die Temperatur auf 180° schalten und das Brot in weiteren 20 Minuten fertigbacken. Die Garprobe machen: Das heiße Brot mit einem Tuch aus dem Herd nehmen, umdrehen und mit den Fingern daraufklopfen. Klingt das Brot an allen Stellen hohl, ist es durchgebacken. • Das Brot auf einem Kuchengitter abkühlen lassen.

Unser Tip: Brote, die mit Sauerteig hergestellt werden, halten sich länger frisch als reine Hefeteigbrote. Den Sauerteig kauft man entweder im Reformhaus oder beim Bäcker. Sauerteig kann man aber auch selbst herstellen: Dafür 75 g feingemahlenen Roggen mit 1 Teelöffel Zukker oder Honig und ⅛ l lauwarmem Wasser verrühren. Diesen Ansatz an einem warmen Ort, mit einem Tuch zugedeckt, 3 bis 5 Tage stehen lassen, bis sich Bläschen gebildet haben und der Ansatz sauer riecht. Während dieser Zeit den Ansatz gelegentlich durchrühren. Der Sauerteig hält sich in einem gut verschlossenen Gefäß im Kühlschrank etwa 2 Wochen.

Mischbrote mit Weizenschrot

Mehlfein gemahlenes Getreide und körniger Schrot bieten die Grundlage

Geformtes Weizenschrotbrot

im Bild links

Zutaten für 2 Laibe:
- 1,5 kg geschroteter Weizen
- 2 Teel. Salz
- 2 Würfel Hefe (84 g)
- 250 g Weizen-Vollkornmehl
- 1 Teel. Zucker
- etwa 1 l lauwarmes Wasser
- 4 Eßl. Milch
- Für das Backblech: Backpapier

Preiswert • Gelingt leicht

Bei 50 Scheiben pro Scheibe etwa: 460 kJ/110 kcal
4 g Eiweiß · 1 g Fett
22 g Kohlenhydrate

Vorbereitungszeit: 30 Minuten
Ruhezeit: 1¾ Stunden
Backzeit: 50 Minuten

Den Weizenschrot mit dem Salz in einer Schüssel mischen und zugedeckt warm stellen. • Die Hefe auf das Mehl bröckeln, mit dem Zucker, etwas Wasser und dem Mehl verrühren und zugedeckt 30 Minuten an einem warmen Platz gehen lassen. • Den Hefevorteig mit dem Weizenschrot und dem restlichen Wasser verkneten. Den Teig schlagen, bis er Blasen wirft, dann zugedeckt an einem warmen Platz 45 Minuten gehen lassen. • Das Backblech mit Backpapier auslegen. • Den Teig durchkneten, mit bemehlten Händen zwei Laibe formen, auf das Backblech legen und diese weitere 30 Minuten zugedeckt gehen lassen. • Den Backofen auf 220° vorheizen. Auf den Boden eine feuerfeste Schüssel mit kaltem Wasser stellen. • Die Teigoberflächen jeweils viermal einschneiden und mit der Milch bestreichen. Die Brote auf der unteren Schiene des Backofens in 50 Minuten goldbraun backen.

Weizenschrotbrot aus der Form

im Bild rechts

Zutaten für 1 Kastenform von 30 cm Länge:
- 750 g geschroteter Weizen
- 750 g Weizen-Vollkornmehl
- 1½ Würfel Hefe (63 g)
- etwa ½ l lauwarmes Wasser
- ⅛ l lauwarme Milch
- 1 Teel. Salz
- Zum Bestreichen: 1 Eßl. Butter
- Für die Form: Öl

Braucht viel Zeit

Bei 30 Scheiben pro Scheibe etwa: 670 kJ/160 kcal
6 g Eiweiß · 1 g Fett
31 g Kohlenhydrate

Vorbereitungszeit: 30 Minuten
Ruhezeit: 14 Stunden
Backzeit: 50 Minuten

Den Weizenschrot mit dem Mehl in einer Schüssel mischen, in die Mitte eine Mulde drücken. Die Hefe hineinbröckeln, mit 0,4 l Wasser und etwas Mehl zu einem Vorteig verrühren, mit wenig Mehl bestäuben und zugedeckt 12 Stunden an einem warmen Platz stehen lassen. • Die Milch mit dem restlichen Wasser und dem Salz mischen, mit dem Hefevorteig sowie dem gesamten Mehl zu einem geschmeidigen Teig kneten und diesen zugedeckt 1 Stunde gehen lassen. • Den Teig noch einmal gut durchkneten, in die geölte Form geben und 1 weitere Stunde gehen lassen. • Den Backofen auf 230° vorheizen, ein feuerfestes Gefäß mit Wasser auf den Boden des Ofens stellen. • Die Teigoberfläche längs ½ cm tief einschneiden und mit der zerlassenen Butter bestreichen. Die Form auf den Rost auf die untere Schiene in den Backofen stellen und das Brot 50 Minuten backen.

Kerniges Mischbrot

Aus Weizen und Roggen, mit etwas Sauerteig und Backferment

Zutaten für 2 Laibe:
250 g geschroteter Weizen
150 g geschroteter Roggen
2 Eßl. Sauerteig
1 Teel. Backfermentgranulat oder -pulver
etwa ¾ l Wasser
100 g Roggenkörner
je 350 g Roggen- und Weizen-Vollkornmehl
3 Teel. Meersalz
Für das Backblech: Butter

Braucht viel Zeit
Vollwertrezept

Bei 60 Scheiben pro Scheibe etwa: 185 kJ/45 kcal
2 g Eiweiß · 0 g Fett
9 g Kohlenhydrate

Vorbereitungszeit: 40 Minuten
Ruhezeit: 13 Stunden
Backzeit: 1¾–2 Stunden

Den Weizen- und den Roggenschrot mit dem Sauerteig, dem Backferment sowie ⅜ l lauwarmem Wasser verrühren und zugedeckt 12 Stunden an einem warmen Platz stehen lassen. • Die Roggenkörner in 8 Eßlöffeln heißem Wasser ebenso lange quellen lassen. • Das gesamte Mehl mit dem Salz, den gequollenen Körnern und dem restlichen lauwarmen Wasser unter den Schrot kneten, eventuell noch etwas Weizenmehl hinzufügen. • Den Teig zugedeckt mindestens 45 Minuten gehen lassen. • Den Backofen auf 225° vorheizen. Das Backblech mit Butter bestreichen. • Mit bemehlten Händen aus dem Teig 2 längliche Laibe formen und diese auf das Backblech legen. Die Oberflächen mit etwas Wasser bepinseln und die Brote auf der unteren Schiene 30 Minuten backen. • Danach die Temperatur auf 180° zurückschalten und die Brote in weiteren 1¼ bis 1½ Stunden fertigbacken. • Die Brote auf einem Kuchengitter abkühlen lassen.

Weizen-Vollkornbrot aus dem Tontopf

Alle Arbeitsgänge in der richtigen Reihenfolge – ein perfektes Vollkornbrot ist das Ergebnis

Zutaten für 1 großen Tontopf:
Für den Sauerteig:
250 g Weizenkörner
2 Teel. Backfermentpulver
½ l lauwarmes Wasser
2 Eßl. flüssiger Honig
Für den Vorteig:
250 g Weizenkörner
¼ l lauwarmes Wasser
Für den Brotteig:
125 g Weizenkörner
¾ l Wasser
700 g Weizenkörner
1 Eßl. Meersalz
Für den Tontopf: Öl

Vollwertrezept
Braucht etwas Zeit

Bei 40 Scheiben pro Scheibe etwa: 420 kJ/100 kcal
4 g Eiweiß · 1 g Fett
21 g Kohlenhydrate

Vorbereitungszeit: 1 Stunde
Ruhezeit: 38 Stunden
Backzeit: 1¾ Stunden

Für den Sauerteig die Weizenkörner 2 Tage vor dem Backen feinmahlen, mit dem Backferment, dem lauwarmen Wasser und dem Honig verrühren und an einem warmen Platz bei etwa 24° zugedeckt 24 Stunden stehen lassen. Die Oberfläche der Masse sieht nach dieser Zeit wie lockerer heller Schaum aus. • Danach für den Vorteig die Weizenkörner feinmahlen, mit dem Wasser unter den Sauerteig mengen und die Mischung weitere 12 Stunden zugedeckt warm stellen. Die Gärung muß dann noch deutlicher zu erkennen sein: Der Teig gleicht zusammengefallenem Schaum und riecht nach Brot. • Den Tontopf mit dem Deckel 1½ Stunden in so viel kaltes Wasser legen, daß beide Teile ganz von Wasser bedeckt sind. • Die 125 g Weizenkörner mit dem Wasser zugedeckt knapp 30 Minuten bei schwacher Hitze kochen und in weiteren 30 Minuten auf der abgeschalteten Herdplatte ausquellen lassen (im Dampfdrucktopf dauert das Ausquellen bei schwacher Hitze nur 6 Minuten). • Die gequollenen Körner dann abtropfen lassen und zum Vorteig geben. • Die übrigen Weizenkörner feinmahlen, mit dem Salz ebenfalls zum Vorteig geben und alles gut verkneten. Der Teig bleibt etwas klebrig. • Den Tontopf abtropfen lassen und gut mit Öl auspinseln. • Den Teig in den Tontopf füllen, glattstreichen und mit einem Tuch zugedeckt an einem warmen Platz mindestens 2 Stunden gehen lassen; sein Volumen muß dabei etwa um ein Drittel zunehmen. • Den Deckel auf den Tontopf legen. Den Rost auf den Boden des Backofens legen. Die Form in den kalten Backofen stellen und die Temperatur auf 200° schalten. • Das Brot 50 Minuten backen, dann den Deckel abnehmen und den Laib in weiteren 40 Minuten hellbraun backen. Das Brot soll ringsherum um 1 mm geschrumpft sein, das heißt, vom inneren Formrand etwas abstehen. • Das Brot noch weitere 15 Minuten im abgeschalteten Backofen lassen, dann aus der Form nehmen, von allen Seiten mit kaltem Wasser besprühen und auf einem Kuchengitter abkühlen lassen.

Unser Tip: Brot aus dem Tontopf schmeckt besonders aromatisch und wird eher feinporig. Vollkornbrot läßt man am besten 1 Tag ruhen, bevor man es anschneidet. Kühl und luftig aufbewahrt hält es sich 1 Woche frisch.

Roggenbrot aus der Bratfolie

Brote aus der Bratfolie entwickeln ein besonders intensives Eigenaroma

Zutaten für 1 Laib:
500 g geschroteter Roggen
350 g Roggenmehl
120 g Sauerteig
1 Päckchen Trockenhefe (7 g)
1 l lauwarmes Wasser
850 g Roggenmehl
1 Eßl. Salz
1 Teel. Zuckerrübensirup oder Honig
je ½ Teel. zerstoßener Anis, Fenchelsamen und Koriander
6 Eßl. Sonnenblumenkerne
Zum Bestreuen:
1 Eßl. geschroteter Roggen
½ Eßl. zerstoßene Gewürze wie Anis, Fenchelsamen und Koriander

Gelingt leicht
Braucht viel Zeit

Bei 30 Scheiben pro Scheibe etwa: 710 kJ/170 kcal
5 g Eiweiß · 2 g Fett
36 g Kohlenhydrate

Vorbereitungszeit: 40 Minuten
Ruhezeit: 13–14 Stunden
Backzeit: 1½ Stunden

Den Roggenschrot mit der kleineren Menge Roggenmehl, dem Sauerteig, der Trockenhefe und dem lauwarmen Wasser in einer Schüssel verrühren. • Den zweiten Teil des Mehls in eine große Schüssel geben, in die Mitte eine Mulde drücken und die Sauerteigmischung hineingeben. • Den Vorteig zugedeckt an einem warmen Platz mindestens 12 Stunden gehen lassen. • Das Salz, den Sirup oder den Honig, die Gewürze und die Sonnenblumenkerne über den Vorteig geben und alles mit dem gesamten Mehl zu einem geschmeidigen Teig verkneten. Nach Bedarf eventuell noch etwas lauwarmes Wasser untermischen. • Den Teig zu einer Kugel formen, wieder in die Schüssel legen und zugedeckt an einem warmen Platz, mit einem Tuch bedeckt, etwa 1½ Stunden gehen lassen. Der Teig soll dabei gären und feine Bläschen bilden. • Den Backofen auf 230° vorheizen. • Den Teig danach noch einmal kräftig durchkneten und mit nassen Händen zu einem länglichen Laib formen. Die Oberfläche einmal längs ½ cm tief einschneiden und mit etwas Wasser bestreichen. Den Roggenschrot mit den Gewürzen mischen und den Laib damit bestreuen. • Den Laib in einen genügend großen Beutel Bratfolie schieben. Den Beutel gut verschließen und die Oberfläche mit einer Nadel mehrmals einstechen, damit der Dampf abziehen kann. • Das Brot auf das kalte Backblech legen und auf der unteren Schiene im Backofen 1½ Stunden backen. • Das Brot aus dem Beutel nehmen, abkühlen lassen und vor dem Anschneiden mindestens 12 Stunden lagern, damit sich das Aroma der Gewürze voll entfalten kann.

Unser Tip: Wenn Sie keine genügend große Bratfolie bekommen, formen Sie aus dem Teig 2 kleinere Laibe, die in die Folie passen, und backen diese nebeneinander. Die Backzeit verringert sich dadurch um etwa 15 Minuten. Man kann das Brot aber auch statt in Folie in einer geölten Kastenform backen. – Auch aus frisch gemahlenem Vollkornmehl läßt sich dieses Brot herstellen. Beachten Sie dabei jedoch, daß der Teig feucht und klebrig sein muß. Man erhöht daher die angegebene Flüssigkeitsmenge entsprechend.

Kräuterbrot mit Sonnenblumenkernen

Das Brot schmeckt auch mit Leinsamen oder Kürbiskernen

Zutaten für 1 Laib:
- 500 g Weizen-Vollkornmehl
- 100 g feingemahlener Nackthafer
- 1½ Würfel Hefe (63 g)
- etwa ¼ l lauwarmes Wasser
- 1 Prise Zucker
- 125 g Sonnenblumenkerne
- 175 g Vollmilchjoghurt
- 1 gehäufter Teel. Meersalz
- ½ Teel. gemahlener Koriander
- je 1 Teel. getrockneter Thymian und Rosmarin
- Für das Backblech: Butter

Vollwertrezept

Bei 25 Scheiben pro Scheibe etwa: 460 kJ/110 kcal
5 g Eiweiß · 3 g Fett
16 g Kohlenhydrate

Vorbereitungszeit: 30 Minuten
Ruhezeit: 1 Stunde
Backzeit: 1 Stunde

Beide Mehlsorten mischen. Die Hefe in die Mitte bröckeln, mit etwas Wasser und dem Zucker verrühren, etwas Mehl darüberstreuen und den Vorteig zugedeckt 15 Minuten gehen lassen. • 1 Eßlöffel Sonnenblumenkerne beiseite legen. Die übrigen Kerne grobhacken und mit dem restlichen Wasser, dem Joghurt, dem Salz, dem Koriander, dem zerriebenen Thymian und Rosmarin, dem Vorteig und dem gesamten Mehl gut verkneten. Der Teig soll feucht sein, sich aber vom Schüsselrand lösen. Den Teig zugedeckt an einem warmen Platz etwa 30 Minuten gehen lassen, bis sich sein Volumen verdoppelt hat. • Das Backblech mit Butter bestreichen. • Den Teig nochmals durchkneten, zu einem Laib formen, auf das Blech legen und zugedeckt 15 Minuten gehen lassen. • Den Backofen auf 200° vorheizen. • Den Laib ½ cm tief rautenförmig einschneiden, mit Wasser bepinseln und mit den übrigen Sonnenblumenkernen bestreuen. • Das Brot auf der mittleren Schiene 1 Stunde backen. Bei Backbeginn eine feuerfeste Schüssel mit kaltem Wasser in den Backofen stellen. • Die Garprobe machen und das Brot auf einem Kuchengitter abkühlen lassen.

Gemischte Korbbrote

Körbe für den Brotteig werden in ovaler und runder Form in verschiedenen Größen angeboten

Zutaten für 2 Körbe von je etwa 15 cm Durchmesser:
400 g Roggen-Vollkornmehl
350 g Weizen-Vollkornmehl
1 Teel. Koriander
je ½ Teel. Fenchelsamen und Kümmel
1 Würfel Hefe (42 g)
2 Eßl. Zucker
½ l lauwarmes Wasser
80 g Sauerteig
3 Teel. Salz
Für die Körbe: Mehl
Für das Backblech: Öl

Gelingt leicht

Bei 40 Scheiben pro Scheibe etwa: 500 kJ/120 kcal
4 g Eiweiß · 1 g Fett
26 g Kohlenhydrate

Vorbereitungszeit: 40 Minuten
Ruhezeit: 2¼ Stunden
Backzeit: 1 Stunde

Beide Mehlsorten in einer großen Schüssel mischen. Den Koriander, den Fenchel und den Kümmel im Mörser zerstoßen. • Die zerbröckelte Hefe mit dem Zucker und dem Wasser verrühren und 15 Minuten gehen lassen. • Den Hefeansatz mit dem Sauerteig, dem Salz und den zerstoßenen Gewürzen unter das Mehl mischen. Den Teig kräftig kneten und zugedeckt an einem warmen Platz mindestens 30 Minuten gehen lassen. • Die Körbe mit Mehl ausstäuben. • Den Teig noch einmal kräftig durchkneten, in 2 Stücke teilen und jeden Korb mit 1 Teigportion füllen. • Die Körbe mit einem Tuch bedecken und den Teig erneut 1½ Stunden gehen lassen. • Den Backofen auf 230° vorheizen. Das Backblech mit Öl bepinseln. Ein feuerfestes Gefäß mit kaltem Wasser auf den Boden des Backofens stellen. • Die Brote auf das Backblech stürzen und auf der unteren Schiene 10 Minuten backen. Dann das Wasser aus dem Herd nehmen, die Temperatur auf 220° zurückschalten und die Brote weitere 45 Minuten backen. • Den Backofen ausschalten. Die Brote noch 5 Minuten darin ruhen lassen. Danach zum Abkühlen auf ein Kuchengitter legen.

Norwegisches Bauernbrot

Ein würziges dunkles Brot aus der Form für die Genießer der Vollwertkost

Zutaten für 1 Kastenform von 30 cm Länge:
Für den Vorteig:
500 g Roggenkörner
1 Päckchen Sauerteig-Extrakt (15 g)
½ l lauwarme Buttermilch
Für den Brotteig:
200 g Weizenkörner
1 Würfel Hefe (42 g)
100 g Zuckerrübensirup
2 Teel. Meersalz
1 Teel. frisch gemahlener Kardamom
Für die Form: Butter

Spezialität
Vollwertrezept

Bei 30 Scheiben pro Scheibe etwa: 335 kJ/80 kcal
3 g Eiweiß · 1 g Fett
17 g Kohlenhydrate

Vorbereitungszeit: 50 Minuten
Ruhezeit: 25 Stunden
Backzeit: 1 Stunde, 5 Minuten

Für den Vorteig die Roggenkörner feinmahlen, in eine große Schüssel füllen und in die Mitte eine Mulde drücken. Den Sauerteig-Extrakt mit der Buttermilch verrühren, in die Mulde schütten und mit wenig Mehl mischen. • Die Schüssel zugedeckt 24 Stunden an einen warmen Platz stellen. Der Vorteig soll danach sichtlich gegoren sein und die Oberfläche dunklen Schaum zeigen. • Für den Brotteig die Weizenkörner feinmahlen. Das Mehl unter den Vorteig rühren. Die Hefe darüberbröckeln, den Sirup darüberträufeln und 1 bis 2 Minuten warten, bis sich die Hefe aufgelöst hat. Das Salz und den Kardamom hinzufügen und alle Zutaten zu einem geschmeidigen, leicht feuchten Teig verkneten. • Die Kastenform mit Butter ausstreichen. Den Brotteig in die Form füllen und glattstreichen. Den Teig zugedeckt erneut gehen lassen, bis sich sein Volumen um etwa ein Drittel vergrößert hat; das dauert knapp 1 Stunde. • Den Backofen auf 200° vorheizen. • Das Brot etwa 50 Minuten auf der unteren Schiene des Backofens backen. Es soll goldbraun sein und mindestens 1 mm ringsum vom Rand der Form abstehen. Wenn es zu schnell bräunt, deckt man es nach 40 Minuten mit gebuttertem Pergamentpapier ab. • Das Brot dann noch 15 Minuten im abgeschalteten Backofen ruhen lassen. • Das Brot aus der Form stürzen, von allen Seiten mit etwas kaltem Wasser besprühen und auf einem Kuchengitter abkühlen lassen. • Das Aroma des Brotes hat sich nach 24 Stunden am besten entfaltet und das Brot läßt sich dann gut in Scheiben schneiden.

Unser Tip: Kühl und luftig gelagert hält sich das Brot bis zu 1 Woche frisch. – Es schmeckt am besten nur mit Butter bestrichen. Aber auch beliebige Käsesorten, in Scheiben geschnitten, Kräuterquark mit Radieschen oder Gurkenwürfelchen, Schinken, Salami oder geräucherter Lachs ergänzen es vorzüglich.

Knusprige Sesambrote

Leichte Brote von lockerer Krume und mildem Geschmack

Zutaten für 2 Laibe:
500 g geschroteter Roggen
2 Eßl. Sauerteig-Ansatz
knapp ¾ l lauwarmes Wasser
250 g Weizenmehl
500 g Roggenmehl
2 Päckchen Trockenhefe
4 Eßl. Sesam
1 Eßl. Salz
Für das Backblech: Backpapier

Braucht viel Zeit
Gelingt leicht

Bei 50 Scheiben pro Scheibe etwa: 335 kJ/80 kcal · 2 g Eiweiß 1 g Fett · 16 g Kohlenhydrate

Vorbereitungszeit: 45 Minuten
Ruhezeit 13 Stunden
Backzeit: 40 Minuten

Den Roggenschrot mit dem Sauerteig-Ansatz und ½ l Wasser verrühren und zugedeckt 12 Stunden bei Raumtemperatur stehen lassen. • Das restliche lauwarme Wasser, die beiden Mehlsorten, die Trockenhefe, 3 Eßlöffel Sesam und das Salz zum Vorteig geben; alle Zutaten zu einem geschmeidigen Teig verkneten. Sollte der Teig zu feucht sein, noch etwas Weizenmehl unterkneten. • Den Teig zugedeckt 1 Stunde an einem warmen Platz gehen lassen. • Das Backblech mit Backpapier auslegen. • Mit bemehlten Händen 2 längliche Laibe formen, auf das Blech legen, mit kaltem Wasser bestreichen und mit dem übrigen Sesam bestreuen. • Den Backofen auf 200° vorheizen. • Die Brote auf der unteren Schiene 40 Minuten backen; danach auf einem Kuchengitter abkühlen lassen.

Finnisches Gewürzbrot

Aromastarke Gewürze und Bier garantieren ein duftendes Aroma

Zutaten für 1 Kastenform von 25 cm Länge:
750 g Roggenmehl
1½ Würfel Hefe (63 g)
½ Teel. Zucker
⅛ l helles Bier
75 g Butter
75 g Sirup oder Honig
250 g Weizen-Vollkornmehl
¼ l lauwarmes Wasser
2 Teel. Salz
je ½ Teel. Ingwer-, Nelken- und Zimtpulver sowie frisch geriebene Muskatnuß
2 Teel. Pomeranzenschale
Für die Form: Butter

Spezialität • Preiswert

Bei 20 Scheiben pro Scheibe etwa: 840 kJ/200 kcal
4 g Eiweiß · 4 g Fett
36 g Kohlenhydrate

Vorbereitungszeit: 40 Minuten
Ruhezeit: etwa 2¼ Stunden
Backzeit: 50 Minuten

In die Mitte des Roggenmehls die Hefe bröckeln, den Zucker darüberstreuen. Das Bier etwas erwärmen und bis auf 3 Eßlöffel mit der Hefe und wenig Mehl verrühren. Den Vorteig zugedeckt gehen lassen, bis sich sein Volumen verdoppelt hat. • Die Butter mit dem Sirup oder dem Honig bei schwacher Hitze flüssig werden und wieder abkühlen lassen. • Den Vorteig mit dem gesamten Mehl verrühren, die Butter-Sirup-Mischung, das Wasser, das Salz und die Gewürze hinzufügen, alles gut verkneten und den Teig zugedeckt 1 Stunde gehen lassen. • Den Teig danach durchkneten, in die gebutterte Form füllen und zugedeckt gehen lassen, bis er sein Volumen verdoppelt hat. • Den Backofen auf 220° vorheizen. • Die Brote mit dem restlichen Bier bepinselt auf der mittleren Schiene 50 Minuten backen.

Rundes Kümmelbrot

Ein kräftiges wohlschmeckendes Brot, für dessen Zubereitung man 2 Tage einkalkulieren muß

Zutaten für 1 Laib:
Für den Sauerteig:
250 g Roggenkörner
1 Päckchen Sauerteig-Extrakt (15 g)
½ l lauwarmes Wasser
Für den Vorteig:
250 g Roggenkörner
¼ l lauwarmes Wasser
Für den Brotteig:
je 350 g Weizen- und Roggenkörner
je 1 Eßl. Kümmel und Meersalz
Für die Arbeitsfläche:
1 Eßl. Kümmel
1 Eßl. Roggen-Vollkornmehl
1 Teel. Salz
Für das Backblech: Butter

Vollwertrezept
Braucht viel Zeit

Bei 40 Scheiben pro Scheibe etwa: 375 kJ/90 kcal · 3 g Eiweiß 1 g Fett · 17 g Kohlenhydrate

Vorbereitungszeit: 50 Minuten
Ruhezeit: 38 Stunden
Backzeit: 1¼ Stunden

Für den Sauerteig die Roggenkörner feinmahlen. Das Roggenmehl mit dem Sauerteig-Extrakt und dem Wasser verrühren. • Den Ansatz mit einem Tuch zugedeckt 24 Stunden an einem warmen Platz stehen lassen. Der Teig sollte danach sichtbar gegoren sein, das heißt, die Oberfläche sieht wie dunkler Schaum aus. • Für den Vorteig die Roggenkörner feinmahlen und mit dem Wasser unter den Sauerteig rühren. • Den Teig zugedeckt weitere 12 Stunden bei etwa 24° stehen lassen. Danach sollte die Gärung noch deutlicher erkennbar sein. Der Teig sieht dann wie zusammengefallener Schaum aus und riecht sauer. • Für den Brotteig die Weizen- und die Roggenkörner feinmahlen. Das Mehl mit dem Sauerteig, dem Kümmel und dem Salz mischen und zu einem geschmeidigen Teig verkneten. • Das Backblech mit Butter bestreichen. • Den Kümmel, das Mehl und das Salz auf einer Arbeitsfläche mischen. Den Teig darauf zu einer Kugel formen und dabei von allen Seiten in die Gewürzmischung drücken. • Die Kugel auf das Backblech legen, etwas flach drücken und den Laib unter einem Tuch gehen lassen, bis sich sein Volumen um etwa ein Drittel vergrößert hat; das dauert ungefähr 2 Stunden. • Den Backofen auf 200° vorheizen. • Das Brot im Backofen auf der unteren Schiene in etwa 1 Stunde goldbraun backen und im abgeschalteten Backofen noch 15 Minuten ruhen lassen. • Das Kümmelbrot danach von allen Seiten mit etwas kaltem Wasser besprühen und auf einem Kuchengitter abkühlen lassen.

Unser Tip: Das Brot sollte erst nach 24 Stunden angeschnitten werden. – Kühl und luftig gelagert hält es sich bis zu 1 Woche frisch. Am besten schmeckt es mit Butter bestrichen und mit Schnittlauch bestreut, aber auch mit Kräuterquark oder Doppelrahm-Frischkäse bestrichen und mit frischer Paprikaschote oder Gurkenscheiben belegt.

Walnußbrot mit Dinkel

Eine Besonderheit, die Abwechslung in das Brotsortiment bringt

Zutaten für 1 breite Kastenform von 35 cm Länge:
500 g Weizen-Vollkornmehl
250 g geschroteter Weizen
250 g Dinkelmehl
60 g Sauerteig
1 Teel. Trockenhefe
¾ l lauwarmes Wasser
2 Teel. Salz
½ Teel. Zucker
250 g Walnußkerne
100 g Weizenmehl
Für die Form: Butter oder Öl

Etwas teurer
Braucht viel Zeit

Bei 30 Scheiben pro Scheibe etwa: 750 kJ/180 kcal
6 g Eiweiß · 6 g Fett
25 g Kohlenhydrate

Vorbereitungszeit: 1 Stunde
Ruhezeit: 13–14 Stunden
Backzeit: 1 Stunde

Das Weizenmehl, den -schrot und das Dinkelmehl in einer Schüssel mischen und in die Mitte eine Mulde drücken. Den Sauerteig mit der Hefe in die Mulde geben und mit der Hälfte des Wassers und etwas Mehl verrühren. • Das Salz und den Zucker im übrigen Wasser auflösen und mit dem Vorteig und dem Mehl in der Schüssel zu einem geschmeidigen Teig vermengen. Den Teig zugedeckt an einem warmen Platz 12 Stunden gehen lassen. • 50 g der Walnußkerne durch die Mandelmühle drehen, die übrigen Nüsse grobhacken. • Die Kastenform mit Butter oder Öl ausstreichen. • Den Teig noch einmal kräftig durchkneten und dabei das Weizenmehl sowie die gemahlenen und die gehackten Nüsse unterarbeiten. • Den Teig zu einem Laib formen, in die Form legen und zugedeckt gehen lassen, bis er sein Volumen um etwa ein Drittel vergrößert hat; das dauert 1 bis 2 Stunden. • Den Backofen auf 220° vorheizen. • Das Brot auf der unteren Schiene 1 Stunde backen. • Die Garprobe machen und das Brot auf einem Kuchengitter abkühlen lassen.

Roggen-Kartoffel-Brot

Obgleich nicht ausschließlich aus Roggen hergestellt, ergibt es ein sehr dunkles Brot

Zutaten für 1 Kastenform von 30 cm Länge:

Für den Vorteig:
- 200 g Roggenkörner
- 2 Teel. Backfermentpulver
- 0,4 l lauwarmes Wasser
- 2 Teel. flüssiger Honig

Für den Brotteig:
- 500 g mehlig kochende Kartoffeln
- 350 g Weizenkörner
- 50 g puderfeines Vollsojamehl
- 0,2 l lauwarmes Wasser
- je 1 Teel. Kümmel, Meersalz und getrockneter Majoran

Für die Form: Butter

Vollwertrezept
Braucht viel Zeit

Bei 30 Scheiben pro Scheibe etwa: 290 kJ/70 kcal · 3 g Eiweiß 1 g Fett · 14 g Kohlenhydrate

Vorbereitungszeit: 40 Minuten
Ruhezeit: etwa 26 Stunden
Backzeit: 1 Stunde, 5 Minuten

Für den Vorteig die Roggenkörner feinmahlen und mit dem Backfermentpulver, dem Wasser und dem Honig verrühren. • Den Vorteig mit einem Tuch bedeckt mindestens 24 Stunden an einem warmen Platz von 24° stehen lassen. Danach sollte die Gärung deutlich zu erkennen sein; das heißt, der Vorteig sieht wie heller lockerer Schaum aus. • Am Backtag die Kartoffeln unter fließendem Wasser bürsten und mit der Schale in 30 bis 35 Minuten weich kochen. • Die garen Kartoffeln sofort schälen und noch heiß durch die Kartoffelpresse drücken oder auf der Rohkostreibe reiben. • Den Kartoffelschnee unter den Vorteig mischen. • Die Weizenkörner feinmahlen und mit dem Sojamehl, dem Wasser, dem Kümmel, dem Salz und dem zerriebenen Majoran zum Vorteig geben. Alle Zutaten zu einem geschmeidigen Teig verkneten. • Die Form mit Butter ausstreichen, den Teig hineinfüllen und mit einem Teigspatel glattstreichen. • Den Teig an einem warmen Platz gehen lassen, bis er sein Volumen um etwa ein Drittel vergrößert hat; das dauert 1 bis 2 Stunden. • Den Backofen auf 200° vorheizen. • Die Form auf die untere Schiene in den Backofen stellen und das Brot in etwa 50 Minuten goldbraun backen, im abgeschalteten Backofen noch 15 Minuten ruhen lassen. • Das Roggen-Kartoffel-Brot aus der Form stürzen, die Oberseite mit kaltem Wasser besprühen und das Brot auf einem Kuchengitter abkühlen lassen.

Unser Tip: Das Brot sollte 24 Stunden ruhen, ehe es angeschnitten wird. Getoastet schmeckt das Roggen-Kartoffel-Brot besonders gut, wenn es nicht so schnell aufgebraucht wird und länger gelagert werden muß. – Experimentierfreudige Bäcker probieren das Brot auch einmal mit geraspelten Zucchini, rote Beten oder Möhren. Man nimmt die gleiche Menge, die für die Kartoffeln angegeben wurde, nämlich 500 g. Eventuell verändert sich der Flüssigkeitsbedarf geringfügig.

Einfache Weißbrote

Als Laib und als Kastenbrot geformt und knusprig goldbraun gebacken

Zutaten für 1 Laib und	
1 Kastenform von 24 cm Länge:	
1 Würfel Hefe (42 g)	
1 Eßl. Zucker	
½–¾ l lauwarmes Wasser	
1,3 kg Weizenmehl	
3-4 Teel. Salz	
Zum Bestreichen:	
je 2 Eßl. Milch und Malzbier	
Für die Form und das Backblech:	
Butter	

Gelingt leicht • Preiswert

Bei 40 Scheiben pro Scheibe etwa: 460 kJ/110 kcal
4 g Eiweiß · 0 g Fett
24 g Kohlenhydrate

Vorbereitungszeit: 40 Minuten
Ruhezeit: 3 Stunden
Backzeit: 50 Minuten für das Kastenbrot, 35–40 Minuten für den Brotlaib

Die Hefe zerbröckeln und mit dem Zucker und 0,1 l lauwarmem Wasser verrühren. Den Hefeansatz zugedeckt 15 Minuten an einem warmen Platz gehen lassen. • Das Mehl in eine große Schüssel sieben. Die aufgelöste Hefe, das Salz und das restliche Wasser untermischen. Den Teig kräftig kneten, bis er sich vom Schüsselrand löst und Blasen wirft, dann zugedeckt an einem warmen Platz 2 Stunden gehen lassen; er soll sein Volumen während dieser Zeit verdoppelt haben. • Das Backblech und die Kastenform mit Butter ausstreichen. • Den Teig erneut kräftig durchkneten und in 2 Stücke teilen. Die Kastenform halbvoll mit Teig füllen und die Oberfläche mit einem angefeuchteten Teigspatel glattstreichen. Aus dem übrigen Teig einen länglichen Laib von etwa 6 cm Durchmesser formen und diesen auf das Backblech legen. Beide Brotteige zugedeckt weitere 45 Minuten gehen lassen. Der Teig in der Kastenform soll während dieser Zeit fast den Rand der Form erreicht haben. • Den Backofen auf 220° vorheizen. Eine feuerfeste Schüssel mit kaltem Wasser auf den Boden des Backofens stellen. • Die Teigoberfläche in der Form mit einem scharfen Messer etwa ½ cm tief längs einschneiden und die Oberfläche mit der Milch bestreichen. Den Brotlaib mit einem scharfen Messer vier– bis fünfmal schräg einschneiden und mit dem Malzbier bepinseln. • Die Brote 45 Minuten auf der mittleren Schiene des Backofens backen. Nach 10 Minuten das Wasser aus dem Backofen nehmen und die Temperatur auf 200° zurückschalten. • Den Brotlaib nach 35 bis 40 Minuten aus dem Ofen nehmen und auf einem Kuchengitter abkühlen lassen. • Das Kastenbrot in weiteren 10 Minuten fertigbacken und noch 5 Minuten im abgeschalteten Backofen ruhen lassen. • Das Kastenbrot aus der Form stürzen und ebenfalls auf einem Kuchengitter abkühlen lassen. • Die Weißbrote schmecken frisch gebacken am besten. Kühl gelagertes Weißbrot eventuell vor dem Verzehr noch einmal kurz im Backofen aufbacken oder goldbraun toasten.

Pußtastangen

Ein würziges Partygebäck, das wie das Weißbrot frisch gebacken am besten schmeckt

Zutaten für 3 Stangen:
300 g Weizenkörner
200 g Dinkelkörner
50 g mittelgrober Maisgrieß
1 Teel. frisch gemahlener Koriander
1 Teel. Paprikapulver, edelsüß
2 Teel. Meersalz
1 Würfel Hefe (42 g)
1 Eßl. flüssiger Honig
⅛ l lauwarmes Wasser
100 g durchwachsener Speck
2 Zwiebeln
2 Knoblauchzehen
2 Eßl. Sonnenblumenöl
250 g Magerquark
Für die Arbeitsfläche:
2–3 Eßl. mittelgrober Maisgrieß
Für das Backblech: Butter

Vollwertrezept
Braucht etwas Zeit

Pro Stange etwa: 4110 kJ/ 980 kcal · 39 g Eiweiß 32 g Fett · 140 g Kohlenhydrate

Vorbereitungszeit: 1 Stunde
Ruhezeit: 1 Stunde
Backzeit: etwa 30 Minuten

Die Weizen- und die Dinkelkörner feinmahlen. Das Mehl in einer großen Schüssel mit dem Maisgrieß, dem Koriander, dem Paprikapulver und dem Salz mischen. Eine Mulde in die Mitte des Mehls drücken, die Hefe hineinbröckeln, mit dem Honig mischen und etwa 2 Minuten warten, bis sich die Hefe aufgelöst hat. • Das Wasser und etwas Mehl vom Mehlrand mit der Hefe verrühren, den Vorteig mit wenig Mehl bestäuben und zugedeckt an einem warmen Platz bei etwa 22° gehen lassen, bis das Mehl auf der Oberfläche deutlich Risse zeigt. • Den Speck in kleine Würfel schneiden. Die Zwiebeln und die Knoblauchzehen schälen und ebenfalls kleinwürfeln. • Das Öl in einer Pfanne erhitzen, den Speck darin knusprig ausbraten und aus der Pfanne nehmen. • Die Zwiebeln und den Knoblauch im Speckfett goldbraun braten und vom Herd nehmen. • Den Quark zum Vorteig geben, mit dem gesamten Mehl und dem Hefevorteig kräftig verkneten. Den Teig zugedeckt 20 Minuten gehen lassen. • Den Teig danach noch einmal gut durchkneten und dabei die Speckwürfel, die abgekühlten Zwiebeln und den Knoblauch unterarbeiten. Sollte der Teig zu fest sein, etwas Wasser hinzufügen, ist er zu weich und löst sich nicht vom Schüsselrand, noch etwas Weizen-Vollkornmehl unterkneten. • Das Backblech mit Butter bestreichen. • Den Teig in 3 gleich große Stücke teilen und aus jedem Stück eine 30 cm lange Rolle formen. • Den Maisgrieß auf die Arbeitsplatte schütten, die Rollen darin wenden, auf das Backblech legen, etwas flach drücken und zugedeckt gehen lassen, bis sich die Stangen um etwa ein Drittel vergrößert haben. • Den Backofen auf 200° vorheizen. • Das Brot im Backofen auf der mittleren Schiene in etwa 30 Minuten goldbraun backen. • Die Stangen aus dem Ofen nehmen, von allen Seiten mit etwas kaltem Wasser besprühen und auf einem Kuchengitter abkühlen lassen.

Haferflocken-Kräuter-Brot

Statt Vollmilch kann man auch Buttermilch verwenden

Zutaten für 1 Laib:
400 g Weizenmehl
120 g kernige Haferflocken
1 Päckchen Trockenhefe
1 Teel. Zucker
2 Teel. Selleriesalz
je 1 Bund Dill, Petersilie und Schnittlauch
¼ l lauwarme Milch
1 Eßl. Kondensmilch
Für das Backblech: Butter

Preiswert • Gelingt leicht

Bei 30 Scheiben pro Scheibe etwa: 290 kJ/70 kcal · 2 g Eiweiß 1 g Fett · 13 g Kohlenhydrate

Vorbereitungszeit: 30 Minuten
Ruhezeit: etwa 1 Stunde
Backzeit: 30–40 Minuten

Das Mehl mit den Haferflokken, der Hefe, dem Zucker und dem Selleriesalz mischen. • Die Kräuter abbrausen, trockentupfen, feinhacken und mit der Milch unter die Mehlmischung kneten, bis sich der Teig vom Schüsselrand löst. • Den Teig zugedeckt gehen lassen, bis er sein Volumen fast verdoppelt hat; das dauert etwa 40 Minuten. • Den Teig danach auf einer leicht bemehlten Arbeitsfläche nochmals kräftig durchkneten, einen länglichen Laib formen, mit nassen Händen glattstreichen. • Das Backblech mit Butter bestreichen, den Laib darauflegen und zugedeckt 20 Minuten gehen lassen. • Den Backofen auf 200° vorheizen. • Das Brot viermal schräg ½ cm tief einschneiden, mit der Kondensmilch bepinseln und im Backofen auf der mittleren Schiene in 30 bis 40 Minuten goldbraun backen.

Weizen-Toastbrot

So einfach läßt sich Toastbrot aus raffiniertem Weizenmehl herstellen

Zutaten für 2 Kastenformen von 25 cm Länge:
½ Würfel Hefe (21 g)
1 Eßl. Zucker
½ l lauwarme Milch
800 g Weizenmehl
2 Teel. Salz
50 g weiche Butter
Für die Formen: Butter

Preiswert • Gelingt leicht

Bei 40 Scheiben pro Scheibe etwa: 375 kJ/90 kcal · 3 g Eiweiß 2 g Fett · 15 g Kohlenhydrate

Vorbereitungszeit: 40 Minuten
Ruhezeit: 2 Stunden
Backzeit: 40 Minuten

Die Hefe zerbröckeln, mit dem Zucker in 0,1 l Milch auflösen und zugedeckt an einem warmen Platz 15 Minuten gehen lassen. • Das Mehl in eine Schüssel sieben. Die aufgelöste Hefe, die restliche Milch, das Salz und die Butter untermischen, alles zu einem geschmeidigen Teig verkneten und diesen zugedeckt an einem warmen Platz 1 Stunde gehen lassen. • Die Formen mit Butter ausstreichen. • Den Teig erneut durchkneten, in 2 Stücke teilen, in die Formen geben, glattstreichen und zugedeckt noch einmal 45 Minuten gehen lassen. • Den Backofen auf 200° vorheizen. • Die Brote mit einem scharfen Messer ½ cm tief längs einschneiden und im Backofen auf der unteren Schiene 30 Minuten backen. • Die Brote danach aus den Formen stürzen und nochmals 10 Minuten in den abgeschalteten Backofen geben. • Die Toastbrote zum Abkühlen auf ein Kuchengitter legen.

Dreikorn-Sahne-Toastbrot

Für alle, die ein kerniges Toastbrot bevorzugen

Zutaten für 1 Kastenform
von 25 cm Länge:
200 g Dinkelkörner
je 100 g Weizen- und
Buchweizenkörner
1 Würfel Hefe (42 g)
½ Eßl. flüssiger Honig
0,2 l Sahne
5 Eßl. heißes Wasser
1 Teel. Meersalz
Für die Form: Butter

Vollwertrezept • Preiswert

Bei 25 Scheiben pro Scheibe etwa: 335 kJ/80 kcal · 2 g Eiweiß 3 g Fett · 11 g Kohlenhydrate

Vorbereitungszeit: 35 Minuten
Ruhezeit: 1¼ Stunden
Backzeit: 40 Minuten

Alle Getreidekörner zu feinem Mehl mahlen und die Mehlsorten in einer Schüssel mischen. • Eine Mulde in die Mitte des Mehls drücken, die Hefe hineinbröckeln, den Honig darüberträufeln und 2 Minuten warten, bis sich die Hefe aufgelöst hat. • Die Sahne mit dem heißen Wasser verrühren, auf die Hefe gießen, mit wenig Mehl vermengen und den Vorteig zugedeckt 15 Minuten an einem warmen Platz gehen lassen. • Das Salz zum Vorteig geben und alle Zutaten zu einem Teig verkneten, der sich vom Schüsselrand löst. • Den Teig zugedeckt 30 Minuten gehen lassen. • Die Form mit Butter ausstreichen. • Den Teig erneut durchkneten und nach Bedarf noch etwas Mehl unterarbeiten. Den Teig in die Form füllen, glattstreichen und zugedeckt weitere 30 Minuten gehen lassen. Er soll dabei sein Volumen um etwa ein Drittel vergößern. • Den Backofen auf 200° vorheizen. • Das Brot auf der mittleren Schiene in 30 Minuten goldbraun backen. • Das Brot 10 Minuten in der Form abkühlen lassen, dann stürzen, mit etwas kaltem Wasser besprühen und auf ein Kuchengitter legen. • Das Toastbrot am nächsten Tag anschneiden.

Sojaschrotbrot

Drei Tage hält es sich frisch, danach schmeckt es getoastet ausgezeichnet

Zutaten für 1 Laib:
400 g Weizenkörner
200 g Roggenkörner
200 g geschrotete Sojabohnen
1 Würfel Hefe (42 g)
1 Eßl. flüssiger Honig
½ l lauwarmes Wasser
2 Teel. Meersalz
Für die Arbeitsfläche:
30 g ungeschälter Sesam
Für das Backblech: Butter

Vollwertrezept
Gelingt leicht

Bei 20 Scheiben pro Scheibe etwa: 630 kJ/150 kcal
7 g Eiweiß · 4 g Fett
21 g Kohlenhydrate

Vorbereitungszeit: 25 Minuten
Ruhezeit: 1 Stunde
Backzeit: 40 Minuten

Die Weizen- und die Roggenkörner feinmahlen und mit dem Sojaschrot in einer Schüssel mischen. • In die Mitte eine Mulde drücken, die Hefe hineinbröckeln, den Honig darüberträufeln und 2 Minuten warten, bis sich die Hefe aufgelöst hat. • Das Wasser mit der Hefe und wenig Mehl zu einem Vorteig verrühren und diesen zugedeckt 15 Minuten gehen lassen. • Das Salz zum Vorteig geben. Alles zu einem geschmeidigen Teig verkneten, diesen zugedeckt erneut 15 Minuten gehen lassen, dann noch einmal durchkneten und, wenn nötig, noch etwas Wasser oder Weizenmehl unterarbeiten. • Das Backblech mit Butter bestreichen. • Den Sesam auf eine Arbeitsfläche schütten. Den Teig darauf zu einer Kugel formen, dabei den Sesam gut andrücken. • Die Teigkugel auf das Backblech legen, flach drücken und zugedeckt gehen lassen, bis sich das Volumen um etwa ein Drittel vergrößert hat. • Den Backofen auf 220° vorheizen. • Das Brot in 30 Minuten goldbraun backen und weitere 10 Minuten im abgeschalteten Backofen ruhen lassen. • Das Brot mit kaltem Wasser besprühen und auf einem Kuchengitter abkühlen lassen.

Sechskornbrot

Ein kräftiges Brot, mit Vollkornmehl und ganzen Körnern gebacken

Zutaten für 1 Laib:
250 g Roggen-Vollkornmehl
750 g Weizen-Vollkornmehl
½–¾ l lauwarmes Wasser
60 g Sauerteig
1 Teel. Trockenhefe
50 g Weizenkörner
50 g Dinkelkörner
50 g Gerstenkörner
50 g Hirsekörner
50 g Buchweizenkörner
2 Teel. Salz
50 g grobe Haferflocken
Für das Backblech: Backpapier

Braucht viel Zeit

Bei 30 Scheiben pro Scheibe etwa: 585 kJ/140 kcal
5 g Eiweiß · 1 g Fett
28 g Kohlenhydrate

Vorbereitungszeit: 1 Stunde
Ruhezeit: 14 Stunden
Backzeit: 1 Stunde, 20 Minuten

Das Roggen- und das Weizenmehl in einer großen Schüssel mischen und in die Mitte eine Mulde drücken. ¼ l Wasser mit dem Sauerteig und der Hefe in einer kleinen Schüssel verrühren, in die Mulde gießen und mit der Hälfte des Mehls vermengen. Den Vorteig zugedeckt an einem warmen Platz bei etwa 22° 12 Stunden gehen lassen. • Die Weizen-, die Dinkel- und die Gerstenkörner mischen und von Wasser bedeckt 6 Stunden quellen lassen. • Die gequollenen Körner anschließend 1 Stunde bei schwacher Hitze kochen lassen, nach Bedarf noch etwas Wasser hinzufügen. • Die Hirse mit den Buchweizenkörnern von Wasser bedeckt 3 Stunden quellen und danach bei schwacher Hitze 30 Minuten kochen lassen. • Alle Körner in einem Sieb abtropfen und gut abkühlen lassen. • Den Vorteig mit dem Salz, dem übrigen Wasser und dem gesamten Mehl zu einem festen Teig verkneten. • Von den Haferflocken 1 Eßlöffel abnehmen, die restlichen Haferflocken mit den gegarten Körnern unter den Teig kneten. • Den Teig zu einem runden Laib formen und diesen auf ein mit Backpapier ausgelegtes Backblech legen. Einen Springformrand um den Teig geben. Den Teig mit einem Tuch bedeckt erneut 2 Stunden an einem warmen Platz gehen lassen. • Den Backofen auf 220° schalten. • Die Oberseite des Brotes rautenförmig einschneiden. Die Teigoberfläche mit etwas Wasser bepinseln und mit den zurückbehaltenen Haferflocken bestreuen. • Das Brot mit Pergamentpapier bedeckt auf die untere Schiene des Backofens schieben. Kaltes Wasser in einer kleinen feuerfesten Schüssel auf den Boden des Backofens stellen, die Türe sofort schließen und das Brot 40 Minuten backen. • Danach das Pergamentpapier entfernen und das Brot in weiteren 40 Minuten fertigbacken. • Das Brot auf ein Kuchengitter legen und mindestens 8 Stunden ruhen lassen, ehe man es anschneidet.

Unser Tip: Wenn Sie einen Dampfdrucktopf besitzen, reduziert sich die Kochzeit der gequollenen Getreidekörner auf 12 beziehungsweise 6 Minuten. Will man auf das Einweichen und Kochen der Körner verzichten, sollte man sie geschrotet zum Brotteig geben.

Feines Mohnbrot

Aus dem gleichen Teig lassen sich auch knusprige Brötchen backen

Zutaten für 1 Kastenform von 35 cm Länge:
100 g Mohn
750 g Weizenkörner
2 Teel. gemahlener Kümmel
50 g puderfeines Vollsojamehl
2 Teel. Meersalz
1 Würfel Hefe (42 g)
1 Teel. flüssiger Honig
¼ l lauwarme Milch
¼ l lauwarmes Wasser
Für die Form: Butter

Vollwertrezept
Gelingt leicht

Bei 30 Scheiben pro Scheibe etwa: 420 kJ/100 kcal
4 g Eiweiß · 3 g Fett
16 g Kohlenhydrate

Vorbereitungszeit: 40 Minuten
Ruhezeit: etwa 1 Stunde
Backzeit: 45 Minuten

Den Mohn in einer trockenen, möglichst schweren Pfanne bei mittlerer Hitze unter Wenden rösten, bis er zu knistern beginnt und angenehm duftet. • Die Weizenkörner feinmahlen und 50 g davon beiseite stellen. • Das übrige Mehl in einer Schüssel mit dem Kümmel, dem Sojamehl, dem Salz und dem gerösteten Mohn mischen. In die Mitte eine Mulde drücken, die Hefe hineinbröckeln, den Honig darüberträufeln und 2 Minuten warten, bis sich die Hefe aufgelöst hat. • Die lauwarme Milch und das lauwarme Wasser zur Hefe gießen und diese mit etwas Mehl zu einem Vorteig verrühren. Den Hefeansatz zugedeckt an einem warmen Platz bei etwa 22° 15 Minuten gehen lassen. • Danach den Vorteig mit dem Mehlrand verrühren und den Teig gut verkneten. Den Hefeteig erneut zugedeckt an einem warmen Platz 20 Minuten gehen lassen. • Den Teig noch einmal kräftig durchkneten. Sollte er zu fest sein, noch etwas Milch hinzufügen, ist er zu weich und löst sich nicht vom Schüsselrand, noch etwas Weizen-Vollkornmehl unterarbeiten. • Die Kastenform mit Butter ausstreichen. • Das übrige Weizenmehl auf eine Arbeitsfläche streuen und den Teig darauf zu einer Rolle von 35 cm Länge formen. Die Teigrolle in die Form legen, etwas flach drükken und noch einmal zugedeckt gehen lassen, bis sich ihr Volumen um ungefähr ein Drittel vergrößert hat; das dauert 25 bis 30 Minuten. • Den Backofen auf 200° vorheizen. • Das Brot im Backofen auf der unteren Schiene in 45 Minuten goldbraun bakken. Danach im abgeschalteten Backofen noch 10 Minuten ruhen lassen. • Das Mohnbrot aus der Form stürzen, ringsum mit kaltem Wasser besprühen und auf einem Kuchengitter abkühlen lassen.

Unser Tip: Das Mohnbrot hält sich ungefähr 3 Tage frisch. Es schmeckt besonders gut mit Butter und mit fruchtiger Marmelade oder mit würzigem Honig bestrichen. Milde Käsesorten, wie beispielsweise junger Gouda oder Doppelrahm-Frischkäse passen aber ebenso gut dazu.

Brot-Spezialitäten

Wer Freude am Experimentieren hat, sollte sich an diesen Besonderheiten versuchen

Zucchini-Apfel-Brot

im Bild links

Zutaten für 1 Kastenform von 30 cm Länge:

- 300 g Zucchini
- 1 mittelgroßer Apfel
- 300 g Weizenmehl
- 3 Teel. Backpulver
- 5 Eier
- 0,1 l Olivenöl
- 1 Teel. Salz
- 150 g frisch geriebener Emmentaler Käse
- 50 g geschälte Kürbiskerne
- Für die Form: Butter

Gelingt leicht • Etwas teurer

Bei 30 Scheiben pro Scheibe etwa: 540 kJ/130 kcal
6 g Eiweiß · 9 g Fett
8 g Kohlenhydrate

Vorbereitungszeit: 20 Minuten
Backzeit: 1 Stunde, 10 Minuten

Den Backofen auf 200° vorheizen. Die Form mit Butter ausstreichen. • Die Zucchini und den Apfel waschen, abtrocknen und grobraspeln. • Das Mehl mit dem Backpulver, den Eiern, dem Öl, dem Salz, dem Käse sowie den Zucchini- und Apfelraspeln zu einem zähflüssigen Teig verrühren. Die Kürbiskerne zuletzt unter den Teig mischen. • Den Teig in die Form füllen und das Brot 50 Minuten backen. • Den Backofen danach auf 180° schalten und das Brot in weiteren 20 Minuten fertigbacken. Das Brot in der Form abkühlen lassen, dann den Rand rundherum mit einem Messer lösen und das Brot auf ein Kuchengitter stürzen.

Unser Tip: Das Zucchini-Apfel-Brot schmeckt gut zu rohem Schinken, Tomatensalat, Tzatziki und Wein.

Portugiesisches Maisbrot

im Bild rechts

Zutaten für 1 Kastenform von 30 cm Länge:

- 1 Würfel Hefe (42 g)
- 1 Prise Zucker
- 0,2 l lauwarmes Wasser
- 250 g Maismehl
- 1 Teel. Salz
- 0,2 l kochendheißes Wasser
- 1 Eßl. Olivenöl
- 250 g Weizenmehl
- Für die Form: Butter

Spezialität • Preiswert

Bei 25 Scheiben pro Scheibe etwa: 315 kJ/75 kcal · 2 g Eiweiß
1 g Fett · 15 g Kohlenhydrate

Vorbereitungszeit: 30 Minuten
Ruhezeit: 1¼ Stunden
Backzeit: 40 Minuten

Die Hefe zerbröckeln, mit dem Zucker bestreuen und mit dem Wasser anrühren. Den Hefeansatz zugedeckt gehen lassen, bis der Maisbrei abgekühlt ist. • 200 g Maismehl mit dem Salz und dem kochendheißen Wasser verrühren und in etwa 10 Minuten abkühlen lassen. • Den Hefeansatz, das restliche Maismehl, das Öl und das Weizenmehl unter den Maisbrei mischen. Den Teig schlagen, bis er Blasen wirft, zugedeckt 30 Minuten gehen lassen, danach kräftig durchkneten und, wenn nötig, noch etwas Weizenmehl unterarbeiten. • Den Teig in die gebutterte Form füllen und zugedeckt weitere 30 Minuten gehen lassen. • Den Backofen auf 200° vorheizen. • Das Brot mit Wasser bepinseln und in 40 Minuten goldbraun backen.

Weizen-Quark-Brot

Ein Vollkornbrot von feiner Krume, das besonders gut zum Frühstück schmeckt

Zutaten für 1 Laib:
600 g Weizenkörner
1 Würfel Hefe (42 g)
1 Eßl. flüssiger Honig
0,1 l lauwarmes Wasser
2 Teel. Meersalz
500 g Magerquark
2 Eßl. Sonnenblumenöl
Für das Backblech: Butter

Vollwertrezept
Gelingt leicht

Bei 30 Scheiben pro Scheibe etwa: 335 kJ/80 kcal · 5 g Eiweiß 1 g Fett · 13 g Kohlenhydrate

Vorbereitungszeit: 30 Minuten
Ruhezeit: 1 Stunde
Backzeit: 50 Minuten

Die Hälfte der Weizenkörner zu feinem Mehl, die andere Hälfte zu mittelfeinem Schrot mahlen und beide Sorten in einer großen Rührschüssel mischen. • In die Mitte des Mehls eine Mulde drücken, die Hefe hineinbröckeln und den Honig auf die Hefe träufeln. Dann etwa 2 Minuten warten, bis sich die Hefe aufgelöst hat. • Das lauwarme Wasser dazugießen und mit der Hefe und etwas Mehl zu einem dünnen Vorteig verrühren. Wenig Mehl über den Vorteig streuen. Den Hefevorteig zugedeckt an einem warmen Platz bei etwa 22° gehen lassen, bis sich auf dem Mehl feine Risse zeigen; das dauert etwa 20 Minuten. • Das Salz, den Quark und das Öl zum Vorteig geben und alle Zutaten mit dem gesamten Mehl zu einem geschmeidigen Hefeteig verkneten. Den Teig zugedeckt erneut an einem warmen Platz 20 Minuten gehen lassen. • Das Backblech mit Butter bestreichen. • Den Teig noch einmal kräftig durchkneten. Sollte er zu fest sein, etwas Wasser dazugeben, ist er zu weich, etwas Weizen-Vollkornmehl unterarbeiten. • Den Teig zu einer Kugel formen, auf das Backblech legen und zu einem Durchmesser von ungefähr 20 cm flach drücken. • Den Laib zugedeckt noch einmal 20 Minuten gehen lassen, er soll sein Volumen während des letzten Gehens um etwa ein Drittel vergrößern. • Den Backofen auf 200° vorheizen. • Den Brotlaib im Backofen auf der mittleren Schiene in ungefähr 40 Minuten goldbraun backen und noch 10 Minuten im abgeschalteten Backofen ruhen lassen. • Das Brot auf ein Kuchengitter legen, rundherum mit etwas kaltem Wasser besprühen und abkühlen lassen. • Das Weizen-Quark-Brot kann schon nach einigen Stunden angeschnitten werden. Es schmeckt am besten frisch, mit Butter bestrichen und mit Honig oder Konfitüre oder mildem Käse ergänzt.

Unser Tip: Vollkornbrote, deren Oberfläche nie so glatt ist, wie die von Broten aus Auszugsmehlen, sollte man vor dem Abkühlen stets mit Wasser besprühen oder bepinseln. Früher verwendeten die Bäcker dafür einen großen kompakten Pinsel, Brotbesen genannt. Zu Hause eignet sich seiner feinen Düsen wegen ein Blumenbestäuber hervorragend. Man kann das Wasser aber auch mit einem dicken Kuchenpinsel auf das Brot streichen. Das Besprühen oder Bepinseln mit kaltem Wasser bewirkt, daß sich das Brot nach dem Abkühlen gut schneiden läßt. Außerdem glänzt es besonders schön goldbraun.

Gemüse-Panettone

Eine herzhafte Variante des berühmten italienischen Hefekuchens

Zutaten für 1 Panettone-Form oder 1 hohen Topf von 1,5 l Fassungsvermögen:
½ Würfel Hefe (21 g)
1 Teel. Zucker
1 Messerspitze Safran
⅛ l warme Milch
1 Eßl. Butter
1 Teel. Salz
1 Ei
400 g Weizenmehl
50 g abgezogene, gemahlene Mandeln
je 100 g Möhren und Broccolistiele
½ rote Paprikaschote
Für die Form: Butter

Spezialität

Bei 16 Stücken pro Stück etwa:
545 kJ/130 kcal · 5 g Eiweiß
4 g Fett · 21 g Kohlenhydrate

Vorbereitungszeit: 40 Minuten
Ruhezeit: 1½ Stunden
Backzeit: 45 Minuten

Die Hefe zerbröckeln, mit dem Zucker und 3 Eßlöffeln lauwarmem Wasser anrühren und zugedeckt 15 Minuten an einem warmen Platz gehen lassen. • Den Safran in der Milch auflösen, die Butter darin zerlassen und mit dem Salz, dem Ei, dem Mehl, den Mandeln und dem Hefeansatz vermengen. Einen geschmeidigen Teig daraus kneten. Den Hefeteig zugedeckt 40 Minuten gehen lassen. • Das Gemüse putzen, waschen, 3 Minuten blanchieren, abtropfen und etwas abkühlen lassen, kleinschneiden und unter den Teig kneten. • Die Form mit Butter ausstreichen, den Teig hineinlegen, kreuzweise einschneiden und nochmals 30 Minuten gehen lassen. • Den Backofen auf 220° vorheizen. • Den Panettone auf der unteren Schiene 45 Minuten backen. Nach 5 Minuten die Temperatur auf 180° zurückschalten. • Den Panettone aus der Form stürzen, auf einem Kuchengitter abkühlen lassen und möglichst frisch, mit Butter bestrichen, verzehren.

Herzhaftes Krautbrot

Die Krautfüllung wird noch deftiger, wenn man sie mit ausgebratenen Speckwürfeln und Kümmel anreichert

Zutaten für 1 Kastenform
von 25 cm Länge:
½ Würfel Hefe (21 g)
1 Eßl. Rübenkraut
200 g Weizenmehl
200 g Roggenmehl
1½ Teel. Salz
0,2 l Malzbier
2 mittelgroße Zwiebeln
250 g Sauerkraut
2 Eßl. Schweineschmalz
1 Messerspitze schwarzer Pfeffer
Für die Form: Schweineschmalz

Preiswert • Gelingt leicht

Bei 20 Scheiben pro Scheibe etwa: 355 kJ/85 kcal · 2 g Eiweiß 1 g Fett · 15 g Kohlenhydrate

Vorbereitungszeit: 30 Minuten
Ruhezeit: 1¾ Stunden
Backzeit: 1 Stunde

Die Hefe mit dem Rübenkraut und 2 Eßlöffeln lauwarmem Wasser verrühren, 15 Minuten gehen lassen, dann mit dem Mehl, 1 Teelöffel Salz und dem Bier gut verkneten, eventuell noch 1 bis 2 Eßlöffel Wasser dazugeben. • Den Teig mit Mehl bestäuben und zugedeckt 1 Stunde gehen lassen, bis er sein Volumen verdoppelt hat. • Die Zwiebeln schälen und in Streifen schneiden. Das Sauerkraut kleinschneiden. • Die Zwiebeln in dem Schmalz kräftig gelb anbraten. Das Kraut dazugeben und in etwa 8 Minuten unter Wenden trocken braten, mit dem übrigen Salz und dem Pfeffer würzen. • Den Teig nochmals gut durchkneten, in 3 Portionen teilen und in Größe der Form ausrollen. Schichtweise Brotteig und das lauwarme Kraut in die Form geben. • Den Teig zugedeckt 30 Minuten gehen lassen. • Den Backofen auf 190° vorheizen. • Das Brot etwa 1 Stunde auf der unteren Schiene backen.

Unser Tip: Das Krautbrot läßt sich auch in einer runden Springform backen. Dafür den Teig ausrollen, die gefettete Form damit auskleiden, das Kraut einfüllen und mit einem Teigdeckel abschließen.

Brote aus der Form und aus dem Blumentopf

Kräftige Brote, die gleichermaßen das Frühstück, den Picknickkorb oder das Partybuffet ergänzen

Kerniges Kornbrot

im Bild vorne

Zutaten für 1 Kastenform
von 25 cm Länge:
- 50 g Weizenkörner
- 100 g Butter · 3 Eier
- ⅜ l Milch
- 1 Eßl. Ahornsirup
- 500 g Weizen-Vollkornmehl
- 1 Päckchen Weinstein-Backpulver
- 1 Teel. Meersalz
- 2 Eßl. Fünfkornflocken
- Für die Form: Butter

Vollwertrezept
Braucht viel Zeit

Bei 20 Scheiben pro Scheibe etwa: 710 kJ/170 kcal
6 g Eiweiß · 7 g Fett
20 g Kohlenhydrate

Vorbereitungszeit: 30 Minuten
Quellzeit: 12 Stunden
Backzeit: 40 Minuten

Die Weizenkörner von Wasser bedeckt 12 Stunden einweichen. • Die Butter schmelzen und wieder abkühlen lassen. • Die Eier verquirlen und die Butter, die Milch und den Sirup untermischen. • Die Körner in einem Sieb kalt abbrausen und gut abtropfen lassen. • Das Mehl mit dem Backpulver und dem Salz mischen. Die Eier-Butter-Masse und die Körner unterrühren. • Den Backofen auf 200° vorheizen. Die Form mit Butter ausstreichen und mit Fünfkornflocken ausstreuen. • Den Teig einfüllen, mit etwas Milch bestreichen, mit Fünfkornflocken bestreuen und das Brot auf der mittleren Schiene 40 Minuten backen.

Blumentopf-Brote

im Bild hinten

Zutaten für 3 Blumentöpfe
von 12 cm Höhe:
- 1 Würfel Hefe (42 g)
- 1 Eßl. Zucker
- ½ l lauwarmes Wasser
- 300 g Weizenmehl
- je 250 g Weizen- und Roggen-Vollkornmehl
- 3 Teel. Salz
- 1 Teel. gemahlener Koriander
- je ½ Teel. gemahlener Kümmel und Fenchelsamen
- Für die Blumentöpfe: Butter

Preiswert

Pro Blumentopf-Brot etwa:
3690 kJ/880 kcal
32 g Eiweiß · 4 g Fett
180 g Kohlenhydrate

Vorbereitungszeit: 30 Minuten
Ruhezeit: 1¾ Stunden
Backzeit: 50 Minuten

Die zerbröckelte Hefe mit dem Zucker in 0,1 l lauwarmem Wasser auflösen und zugedeckt 15 Minuten gehen lassen. • Alle Mehlsorten mischen und mit dem Hefeansatz, dem restlichen Wasser, dem Salz und den Gewürzen gut verkneten. Den Hefeteig zugedeckt 1 Stunde gehen lassen. • Die Blumentöpfe mit Butter ausstreichen und die Bodenlöcher mit Alufolie verschließen. • Den Teig nochmals kräftig durchkneten, in 3 Stücke teilen, in die Blumentöpfe geben und zugedeckt 30 Minuten gehen lassen. • Den Backofen auf 230° vorheizen. Ein feuerfestes Gefäß mit kaltem Wasser auf den Boden des Backofens stellen. • Die Brote auf der unteren Schiene 40 Minuten backen, nach 10 Minuten das Wasser aus dem Herd nehmen und die Temperatur auf 200° zurückschalten. • Die Brote aus den Töpfen stürzen und noch 10 Minuten in den abgeschalteten Backofen geben.

Fladenbrote aus dem asiatischen Raum

Sie werden, in grobe Stücke gebrochen, zu jeder Mahlzeit angeboten

Türkische Fladenbrote

im Bild hinten

Zutaten für 2 Fladen:
- 500 g Weizenmehl
- 1 Päckchen Trockenhefe
- je 1 Teel. Salz und Zucker
- 0,1 l Olivenöl
- ¼ l lauwarmes Wasser
- 2 Eßl. Sesam
- Für das Backblech: Öl

Spezialität

Pro Fladen etwa: 5880 kJ/
1400 kcal · 29 g Eiweiß
57 g Fett · 180 g Kohlenhydrate

Vorbereitungszeit: 30 Minuten
Ruhezeit: 1 Stunde
Backzeit: 15–20 Minuten

Das Mehl mit der Trockenhefe, dem Salz, dem Zucker und dem Öl vermengen. • Nach und nach das Wasser untermischen. Den Teig zuletzt kneten, bis er glänzt und sich vom Schüsselrand löst, dann zugedeckt an einem warmen Platz 45 Minuten gehen lassen. • Den Hefeteig auf einer leicht bemehlten Arbeitsfläche kräftig durchkneten, zu 2 Kugeln formen und diese zu 1 cm dicken, ovalen Fladen ausrollen. • Die Fladen auf das geölte Backblech legen und zugedeckt 15 Minuten gehen lassen. • Den Backofen auf 250° vorheizen. • Die Fladen mit Wasser bepinseln, mit einer Gabel mehrmals einstechen, mit dem Sesam bestreuen und auf der mittleren Schiene in 15 bis 20 Minuten goldgelb backen.

Indische Fladenbrote

im Bild vorne

Zutaten für 10 kleine Fladen:
- 500 g mehlig kochende Kartoffeln
- 2 mittelgroße Zwiebeln
- 1 Eßl. Butter
- 1 Bund Petersilie
- 600 g Weizenmehl
- ½ Teel. gemahlener Kreuzkümmel
- 1 Messerspitze Cayennepfeffer
- 1 Teel. Salz
- 3 Eßl. Sonnenblumenöl
- ¼ l Wasser
- 100 g Butterschmalz

Spezialität

Pro Fladen etwa: 1680 kJ/
400 kcal · 10 g Eiweiß
13 g Fett · 64 g Kohlenhydrate

Vorbereitungszeit: 1 Stunde
Bratzeit: 1¾ Stunden

Die Kartoffeln waschen, in 30 bis 35 Minuten weich kochen, pellen und noch heiß durch die Kartoffelpresse drücken. • Die Zwiebeln schälen, feinwürfeln und in der Butter glasig braten. • Die Petersilie hacken und mit dem Kartoffelschnee, dem Mehl, den Gewürzen, dem Salz und dem Öl mischen. Nach und nach das Wasser hinzufügen. Zuletzt die etwas abgekühlten Zwiebeln unterkneten. • Den Teig in 10 gleich große Stücke teilen und diese auf einer bemehlten Arbeitsfläche zu Fladen von 15 cm Durchmesser ausrollen. • Den Backofen auf 75° vorheizen. • Die Fladen in einer Pfanne im zerlassenen Schmalz bei mittlerer Hitze von jeder Seite 5 Minuten braten. • Die Brote im Backofen unter Alufolie warm halten, bis alle Fladen fertig sind. • Die Fladenbrote werden warm zu Fleisch oder Fisch serviert.

Schwedische Fladenbrote

Als Aufstrich schmecken Fischpasten wie Lachscreme oder Sardellenbutter besonders gut

Zutaten für etwa 10 Fladen:
350 g Weizen-Vollkornmehl
150 g Roggen-Vollkornmehl
1 Würfel Hefe (42 g)
1 Prise Zucker
gut ¼ l lauwarmes Wasser
2 Eßl. Sonnenblumenkerne
2 Teel. Salz
1 Teel. gemahlener Kümmel
½ Teel. gemahlener Koriander
2 Eßl. Sonnenblumenöl
Für die Backbleche: Öl

Spezialität

Pro Fladen etwa:
880 kJ/210 kcal · 7 g Eiweiß
5 g Fett · 33 Kohlenhydrate

Vorbereitungszeit: 30 Minuten
Ruhezeit: 1¼ Stunden
Backzeit pro Backblech:
5–7 Minuten

In einer Schüssel das gesamte Mehl mischen, in die Mitte eine Mulde drücken, die Hefe hineinbröckeln, mit dem Zucker bestreuen, mit dem Wasser und wenig Mehl anrühren und 15 Minuten zugedeckt an einem warmen Platz gehen lassen. • Die Sonnenblumenkerne feinhacken, mit dem Salz, den Gewürzen und dem Öl auf den Mehlrand geben und alle Zutaten mischen. Den Teig kräftig durchkneten, bis er sich vom Schüsselrand löst und Blasen wirft, danach 45 Minuten mit einem Tuch bedeckt gehen lassen. • Den Hefeteig nochmals gut durchkneten und auf einer bemehlten Arbeitsfläche dünn ausrollen, Quadrate von 15 × 15 cm ausschneiden. • Den Backofen auf 250° vorheizen. • Die Fladen auf den geölten Backblechen 15 Minuten zugedeckt ruhen lassen, danach auf der mittleren Schiene 5 bis 7 Minuten backen. Bei kürzerer Backzeit sind die Fladen noch weich und lassen sich rollen, etwas länger gebacken werden sie kroß.

Baguette

Das beliebte französische Stangenweißbrot gehört unbedingt zu Käse und Wein und zu jeder Party

Zutaten für 5 Stangenbrote:
1 kg Weizenmehl
1 Würfel Hefe (42 g)
1 Prise Zucker
⅜ l lauwarmes Wasser
3 Teel. Salz
½ Teel. gemahlener Anis
Für das Backblech: Mehl

Spezialität aus Frankreich
Gelingt leicht

Pro Baguette etwa: 2890 kJ/ 690 kcal · 22 g Eiweiß 2 g Fett · 150 g Kohlenhydrate

Vorbereitungszeit: 30 Minuten
Ruhezeit: 1½ Stunden
Backzeit: 45 Minuten

Das Mehl in eine vorgewärmte Schüssel sieben, in die Mitte eine Mulde drücken und die Hefe hineinbröckeln. Den Zucker darüberstreuen und die Hefe mit wenig Mehl und dem Wasser zu einem Vorteig verrühren. • Den Vorteig mit etwas Mehl bestäuben und zugedeckt an einem warmen Platz bei ungefähr 22° gehen lassen, bis das Mehl feine Risse zeigt; das dauert etwa 15 Minuten. • Das Salz und den Anis auf das Mehl streuen und den Vorteig mit dem gesamten Mehl verkneten, bis der Teig Blasen wirft. Den Teig zugedeckt an einem warmen Platz 1 Stunde gehen lassen; er soll dabei sein Volumen verdoppeln. • Das Backblech mit Mehl bestäuben. • Den Hefeteig auf einer leicht bemehlten Arbeitsfläche erneut kräftig durchkneten und in 5 gleich große Stücke teilen. • Aus den Teigstücken 50 cm lange Stangen rollen, diese auf das Backblech legen und zugedeckt noch einmal 15 Minuten gehen lassen. • Den Backofen auf 220° vorheizen. • Alle Brote mit lauwarmem Wasser bepinseln, fünfmal schräg ½ cm tief einschneiden und im Backofen auf der mittleren Schiene in 45 Minuten goldgelb backen. • Die Baguettes schmecken ganz frisch gebacken, am besten noch ofenwarm verzehrt, am besten.

Unser Tip: Wer Anis nicht so gerne mag, ersetzt ihn durch gemahlenen Kümmel.

Fladenbrote nach Lust und Laune

Ob aus der Pfanne oder dem Backofen – die Brote schmecken am besten ganz frisch

Knoblauch-Fladenbrote

im Bild links

Zutaten für 16 Fladen:
4 Knoblauchzehen
350 g Weizen-Vollkornmehl
150 g Buchweizenmehl
2 Teel. Salz
½ Teel. weißer Pfeffer
1 Teel. gemahlener Kreuzkümmel
½ Teel. gemahlener Kardamom
0,2 l warme Buttermilch
knapp 0,2 l lauwarmes Wasser

Braucht viel Zeit

Pro Fladen etwa:
420 kJ/100 kcal · 4 g Eiweiß
1 g Fett · 22 g Kohlenhydrate

Vorbereitungszeit: 20 Minuten
Ruhezeit: 8 Stunden
Bratzeit: 1 Stunde

Die Knoblauchzehen schälen, feinhacken und mit den beiden Mehlsorten, dem Salz und den Gewürzen in einer Schüssel mischen. Die Buttermilch und das Wasser nach und nach unterrühren, den Teig kräftig durchkneten, zu einer Kugel formen, diese in Pergamentpapier wickeln und 8 Stunden bei Raumtemperatur ruhen lassen. • Den Teig danach noch einmal durchkneten, in 16 gleich große Stücke teilen, zu Kugeln formen und auf einer leicht bemehlten Arbeitsfläche zu etwa 1 cm dicken Fladen ausrollen. • Die Fladen in einer trockenen Pfanne bei mittlerer bis schwacher Hitze von jeder Seite braun braten und im Backofen bei 75° warm halten, bis alle Fladen gebraten sind. • Die Fladen schmecken zu indisch gewürzten Gerichten besonders gut.

Finnische Fladenbrote

im Bild rechts

Zutaten für 8 Fladen:
350 g Weizen-Vollkornmehl
150 g Roggen-Vollkornmehl
1 Würfel Hefe (42 g)
½ Teel. Zucker
⅜ l lauwarmes Wasser
1 Teel. Salz
4 Eßl. Öl
Zum Bestreuen: Hagelsalz, Mohn oder Sesam
Für das Backblech: Backpapier

Spezialität • Gelingt leicht

Pro Fladen etwa:
1000 kJ/240 kcal · 8 g Eiweiß
6 g Fett · 39 g Kohlenhydrate

Vorbereitungszeit: 30 Minuten
Ruhezeit: 1¾ Stunden
Backzeit: 20 Minuten

Beide Mehlsorten mischen, in die Mitte eine Mulde drücken, die Hefe hineinbröckeln und den Zucker darüberstreuen. Die Hälfte des Wassers mit der Hefe und etwas Mehl verrühren. Den Vorteig zugedeckt an einem warmen Platz 15 Minuten gehen lassen, dann mit dem gesamten Mehl, dem Salz, dem übrigen Wasser und 2 Eßlöffeln Öl gut verkneten. Den Teig zu einer Kugel formen und zugedeckt 1 Stunde gehen lassen. • Das Backblech mit Backpapier auslegen. • Den Teig kräftig durchkneten, 8 Kugeln daraus formen und diese zu etwa 1 cm dicken Fladen ausrollen. Die Fladen auf das Blech legen, mit einer Gabel mehrmals einstechen, mit dem übrigen Öl bestreichen und mit Hagelsalz, Mohn oder Sesam bestreuen; zugedeckt erneut 30 Minuten gehen lassen. • Den Backofen auf 220° vorheizen. • Die Fladen auf der mittleren Schiene 20 Minuten backen.

Zwiebelbrot

Ein rustikales Brot, das idealerweise in einer runden Brotform gebacken wird

Zutaten für 1 runde Brotform von 20–24 cm Durchmesser:	
400 g Weizenkörner	
100 g Roggenkörner	
1 Eßl. Kümmel	
1 Messerspitze frisch gemahlener schwarzer Pfeffer	
2 Teel. Meersalz	
1 Würfel Hefe (42 g)	
2 Teel. flüssiger Honig	
250 g saure Sahne	
0,1 l heißes Wasser	
250 g Zwiebeln	
4 Eßl. Sonnenblumenöl	
Für die Form: Butter	

Vollwertrezept
Gelingt leicht

Bei 25 Scheiben pro Scheibe etwa: 375 kJ/90 kcal · 3 g Eiweiß 3 g Fett · 13 g Kohlenhydrate

Vorbereitungszeit: 30 Minuten
Ruhezeit: 1 Stunde
Backzeit: 45–55 Minuten

Die Weizen- und die Roggenkörner feinmahlen und in einer Rührschüssel mit dem Kümmel, dem Pfeffer und dem Salz mischen. • In die Mitte des Mehls eine Mulde drücken, die Hefe hineinbröckeln, den Honig darüberträufeln und 2 Minuten warten, bis sich die Hefe aufgelöst hat. • Die saure Sahne mit dem heißen Wasser mischen, auf die Hefe gießen und mit wenig Mehl vom Mehlrand zu einem dünnen Vorteig verrühren. Den Hefevorteig mit etwas Mehl bestäuben und zugedeckt an einem warmen Platz bei ungefähr 22° gehen lassen, bis das Mehl auf dem Vorteig feine Risse zeigt; das dauert etwa 20 Minuten. • Die Zwiebeln schälen, feinwürfeln und in dem Öl goldgelb braten. • Das gesamte Mehl mit dem Vorteig verrühren und zuletzt kräftig durchkneten. • Den Teig erneut zugedeckt etwa 20 Minuten gehen lassen. • Den Teig danach noch einmal kräftig durchkneten und dabei die etwas abgekühlten Zwiebeln mit dem Bratfett unterarbeiten. Sollte der Teig zu fest sein, noch etwas Wasser dazugießen, ist er zu weich und löst sich nicht vom Schüsselrand, fügt man noch etwas Weizen-Vollkornmehl hinzu. • Die Brotform mit Butter ausstreichen. • Den Teig auf einer leicht bemehlten Arbeitsfläche zu einer Kugel formen, diese in die Form legen und etwas flach drücken. • Den Teig erneut etwa 20 Minuten gehen lassen, bis er sein Volumen etwa um ein Drittel vergrößert hat. • Den Backofen auf 200° vorheizen. • Die Form auf die mittlere Schiene des Backofens stellen und das Brot in 45 bis 55 Minuten goldbraun backen. • Das Brot aus der Form stürzen, auf ein Kuchengitter legen, von allen Seiten mit etwas kaltem Wasser besprühen oder bepinseln und abkühlen lassen. • Das Brot schmeckt am besten ofenfrisch.

Unser Tip: Wenn Sie keine runde Brotbackform besitzen, können Sie zum Backen auch eine passende Eisen- oder Edelstahlpfanne benützen. Oder man formt aus dem Teig einen länglichen Laib und bäckt diesen auf einem gefetteten Backblech; die Backzeit verkürzt sich dann um ungefähr 10 Minuten.

Helle Milchzöpfe

Beliebt als Frühstücksbrot, mit Butter und Konfitüre bestrichen

Zutaten für 2 Zöpfe:
½ Würfel Hefe (21 g)
1 Eßl. Zucker
0,6 l lauwarme Milch
1 kg Weizenmehl
2 Teel. Salz
100 g weiche Butter
2 Eßl. Kondensmilch
Für das Backblech: Butter

Preiswert
Gelingt leicht

Bei 30 Scheiben pro Scheibe etwa: 630 kJ/150 kcal
4 g Eiweiß · 4 g Fett
25 g Kohlenhydrate

Vorbereitungszeit: 40 Minuten
Ruhezeit: 1¾ Stunden
Backzeit: 40 Minuten

Die Hefe mit dem Zucker und ⅛ l Milch verrühren, an einem warmen Platz zugedeckt 15 Minuten gehen lassen. • Das Mehl mit dem Hefeansatz, der übrigen Milch, dem Salz und der Butter zu einem geschmeidigen Teig verkneten. • Den Teig zugedeckt an einem warmen Platz 1 Stunde gehen lassen. • Den Teig erneut durchkneten und in 6 Portionen teilen. Aus jedem Teigstück auf einer leicht bemehlten Arbeitsfläche etwa 50 cm lange, gleich dicke Stränge rollen. Jeweils 3 Stränge nebeneinander legen und 2 Zöpfe daraus flechten. • Das Backblech mit Butter bestreichen, die Zöpfe darauflegen und zugedeckt 30 Minuten gehen lassen. • Den Backofen auf 200° vorheizen. Ein feuerfestes Gefäß mit etwas kaltem Wasser auf den Boden des Backofens stellen. • Die Zöpfe mit der Kondensmilch bestreichen und auf der mittleren Schiene des Backofens 40 Minuten backen. Nach 10 Minuten Backzeit das Wasser aus dem Herd nehmen. • Die Zöpfe zum Abkühlen auf ein Kuchengitter legen und möglichst ofenfrisch servieren.

Unser Tip: Noch aufwendigere Zöpfe bildet man aus jeweils 4 Teigsträngen.

Süßes Hefebrot

Ofenfrisch mit Butter und Honig ein köstlicher Ersatz für den Kuchen zum Nachmittagskaffee

Zutaten für 1 Brot:
1 Würfel Hefe (42 g)
1 Eßl. Zucker
0,2 l lauwarme Milch
100 g Korinthen · 4 Eßl. Rum
650 g Weizenmehl
75 g Butter · 100 g Zucker
1 Ei · 1 Prise Salz
100 g gehackte Haselnüsse
3 Eßl. Milch
Für das Backblech: Butter

Gelingt leicht

Bei 40 Scheiben pro Scheibe etwa: 460 kJ/110 kcal
3 g Eiweiß · 4 g Fett
17 g Kohlenhydrate

Vorbereitungszeit: 40 Minuten
Ruhezeit: 2¼ Stunden
Backzeit: 25–30 Minuten

Die Hefe mit dem Zucker in 0,1 l Milch auflösen und zugedeckt 15 Minuten an einem warmen Platz gehen lassen. • Die Korinthen heiß waschen, trokkentupfen und in dem Rum einweichen. • Das Mehl mit dem Hefeansatz und der übrigen Milch verrühren. • Die Butter zerlassen und mit dem Zucker, dem Ei, dem Salz, den Haselnüssen, den Korinthen und dem Rum kräftig unter den Teig kneten, bis sich der Hefeteig vom Schüsselrand löst. • Den Teig zugedeckt an einem warmen Platz 1½ Stunden gehen lassen. • Das Backblech mit Butter bestreichen. • Den Teig erneut durchkneten, in 2 Stücke teilen und diese auf einer leicht bemehlten Arbeitsfläche zu Rollen von etwa 50 cm Länge formen. Die Teigstränge spiralförmig umeinanderschlingen und auf das Backblech legen. • Den Laib zugedeckt nochmals 30 Minuten gehen lassen. • Den Backofen auf 220° vorheizen. Eine feuerfeste Schüssel mit etwas kaltem Wasser auf den Boden des Backofens stellen. • Das Brot mit der Milch bestreichen und auf der mittleren Schiene des Backofens 25 bis 30 Minuten backen. • Nach 10 Minuten Backzeit das Wasser aus dem Ofen nehmen und die Temperatur auf 200° schalten.

Griechisches Osterbrot

Eine Köstlichkeit mit Tradition, die nicht nur zu Ostern schmeckt

Zutaten für 1 Brot:
600 g Weizenmehl
1 Würfel Hefe (42 g)
100 g Zucker
7 Eßl. lauwarmes Wasser
1 Prise Salz
abgeriebene Schale von
1 ungespritzten Zitrone
50 g feingehacktes Zitronat
½ Teel. gemahlener Anis
125 g weiche Butter
7 Eßl. lauwarme Milch
5 rotgefärbte hartgekochte Eier
etwas Olivenöl
1 Eigelb · 2 Eßl. Sesam
Für das Backblech: Butter

Spezialität

Bei 20 Scheiben, ohne Eier, pro Scheibe etwa:
880 kJ/210 kcal · 5 g Eiweiß
10 g Fett · 29 g Kohlenhydrate

Vorbereitungszeit: 45 Minuten
Ruhezeit: 3½–4½ Stunden
Backzeit: 40–45 Minuten

In die Mitte des Mehls die Hefe bröckeln, mit 1 Teelöffel Zukker, dem Wasser und etwas Mehl zu einem Vorteig verrühren; 15 Minuten gehen lassen. • Die übrigen Zutaten bis einschließlich der Milch untermischen. Den Teig gut kneten, danach 3 bis 4 Stunden gehen lassen. • Den Teig noch einmal durchkneten, in 3 gleich große und 1 größere Portion teilen und Rollen daraus formen. Aus den kleineren Strängen einen Zopf flechten, den dikkeren Strang darauflegen und etwas andrücken. • Für die Eier Mulden in den Teigstrang drükken, die Eier mit Öl einreiben und in den Zopf drücken. • Den Zopf zugedeckt 20 Minuten gehen lassen. • Den Backofen auf 180° vorheizen. • Den Zopf mit dem verquirlten Eigelb bestreichen, mit dem Sesam bestreuen und 40 bis 45 Minuten backen.

Schwedisches Weihnachtsbrot

Pomeranzenschale läßt sich durch abgeriebene Zitronenschale ersetzen

Zutaten für 1 breite Kastenform
von 30 cm Länge und
2,5 l Fassungsvermögen:
750 g Roggen-Vollkornmehl
500 g Weizen-Vollkornmehl
50 g Hefe · ½ l Buttermilch
150 g Zuckerrübensirup
½ Teel. Salz
2 Teel. Pomeranzenschale
je ½ Teel. zerstoßener Kardamom
und Koriander
150 g ungeschwefelte Rosinen
2 Eßl. Zuckerrübensirup
Für die Form: Butter

Spezialität • Gelingt leicht

Bei 40 Scheiben pro Scheibe etwa: 545 kJ/130 kcal
4 g Eiweiß · 1 g Fett
26 g Kohlenhydrate

Vorbereitungszeit: 30 Minuten
Ruhezeit: 2 Stunden
Backzeit: 50 Minuten

Beide Mehlsorten in einer großen Schüssel mischen, in die Mitte eine Mulde drücken und die Hefe hineinbröckeln. • Die Buttermilch mit dem Sirup unter Rühren erwärmen, etwa ⅛ l mit der Hefe und etwas Mehl verrühren. • Den Vorteig zugedeckt 15 Minuten gehen lassen. • Das Salz, die Gewürze und die restliche Buttermilch mit dem gesamten Mehl und dem Vorteig verkneten, bis sich der Teig vom Schüsselrand löst. Den Teig zugedeckt 1 Stunde gehen lassen. • Die Rosinen heiß waschen und trockentupfen. • Den Hefeteig noch einmal durchkneten, dabei die Rosinen unterarbeiten. Den Teig in die gebutterte Form geben und zugedeckt gehen lassen, bis er sein Volumen verdoppelt hat. • Den Backofen auf 220° vorheizen. • Den Sirup mit 1 Eßlöffel Wasser erwärmen. • Das Brot rautenförmig einschneiden, mit dem Sirup bestreichen und 50 Minuten auf der unteren Schiene backen.

Brötchen und Gebildgebäck

Geflochten, gerollt und
gedreht machen sie den Brotkorb
zum Mittelpunkt

Buchweizenbrötchen

Statt mit Kürbiskernen schmecken sie auch mit Walnüssen

Zutaten für 10 Brötchen:
250 g Weizen-Vollkornmehl
250 g Buchweizenmehl
1 Würfel Hefe (42 g)
0,5 l lauwarme Buttermilch
1 Prise Zucker
2 Teel. Meersalz
50 g Kürbiskerne
Für das Backblech: Butter

Vollwertrezept

Pro Brötchen etwa:
880 kJ/210 kcal · 8 g Eiweiß
3 g Fett · 36 g Kohlenhydrate

Vorbereitungszeit: 40 Minuten
Ruhezeit: 1½ Stunden
Backzeit: 25 Minuten

Beide Mehlsorten in einer Schüssel mischen, in die Mitte eine Mulde drücken, die Hefe hineinbröckeln und mit wenig Buttermilch, dem Zucker und etwas Mehl verrühren. • Den Vorteig zugedeckt an einem warmen Platz 15 Minuten gehen lassen. • Die restliche Buttermilch und das Salz zum Vorteig geben und diesen mit dem gesamten Mehl zu einem weichen, glatten Teig verkneten. • Den Teig zugedeckt 1 Stunde gehen lassen. • Von den Kürbiskernen 1 Eßlöffel beiseite legen. Die restlichen Kerne feinhacken. • Die gehackten Kürbiskerne unter den Hefeteig kneten und 10 gleich große Kugeln daraus formen. • Das Backblech mit Butter bestreichen. Die Brötchen darauflegen und zugedeckt weitere 15 Minuten gehen lassen. • Den Backofen auf 220° vorheizen. • Die Brötchen mit einem angefeuchteten Messer kreuzweise einschneiden, mit kaltem Wasser bepinseln, mit den übrigen Kürbiskernen bestreuen und diese etwas andrücken. • Die Brötchen auf der mittleren Schiene in etwa 25 Minuten goldbraun backen.

Roggen-Sesam-Brötchen

Sie schmecken nach 2 Tagen noch wie frisch gebacken

Zutaten für 14 Brötchen:
500 g Roggen-Vollkornmehl
250 g Weizen-Vollkornmehl
1 Würfel Hefe (42 g)
etwa 0,6 l lauwarmes Wasser
1 Prise Zucker
1 Eßl. Meersalz
je 1 Messerspitze weißer Pfeffer
und geriebene Muskatnuß
150 g Sauerteig
Zum Bestreuen:
3 Eßl. ungeschälter Sesam
Für das Backblech: Butter

Vollwertrezept

Pro Brötchen etwa:
880 kJ/210 kcal · 8 g Eiweiß
2 g Fett · 39 g Kohlenhydrate

Vorbereitungszeit: 20 Minuten
Ruhezeit: 1¾ Stunden
Backzeit: 25 Minuten

Beide Mehlsorten in einer Schüssel mischen. In die Mitte eine Mulde drücken, die Hefe hineinbröckeln, mit 0,1 l Wasser, dem Zucker und wenig Mehl verrühren. • Den Vorteig zugedeckt an einem warmen Platz 15 Minuten gehen lassen. • Das gesamte Mehl mit dem Vorteig, dem restlichen Wasser, dem Salz, den Gewürzen und dem Sauerteig zu einem glatten Teig verkneten und diesen zugedeckt gehen lassen, bis sich sein Volumen verdoppelt hat; das dauert etwa 1 Stunde. • Das Backblech mit Butter bestreichen. • Den Teig noch einmal kräftig durchkneten, 14 gleich große Kugeln daraus formen, etwas flach drücken, auf das Backblech legen und zugedeckt 30 Minuten gehen lassen. • Den Backofen auf 220° vorheizen. • Die Brötchen mit kaltem Wasser bepinseln, kreuzweise leicht einschneiden, mit dem Sesam bestreuen und die Samen andrükken. • Die Brötchen im Backofen auf der mittleren Schiene in etwa 25 Minuten goldbraun backen.

Dinkelschnecken

Sie schmecken frisch gebacken und mit Butter bestrichen am besten

Zutaten für 12 Schnecken:
400 g Dinkelkörner
100 g Weizenkörner
1 Würfel Hefe (42 g)
2 Teel. flüssiger Honig
0,3 l lauwarmes Wasser
1 Teel. Meersalz · 1 Ei
50 g geröstete, gesalzene Pistazienkerne
Für das Backblech: Butter

Vollwertrezept

Pro Schnecke etwa:
750 kJ/180 g kcal · 7 g Eiweiß
4 g Fett · 27 g Kohlenhydrate

Vorbereitungszeit: 1 Stunde
Ruhezeit: 1 Stunde
Backzeit: 15–20 Minuten

Die Dinkel- und die Weizenkörner feinmahlen. Die Mehlsorten in einer Schüssel mischen, eine Mulde hineindrücken. Die Hefe hineinbröckeln, mit dem Honig beträufeln und 2 Minuten warten, bis sich die Hefe aufgelöst hat. • Das Wasser dazugießen, die Hefe mit etwas Mehl zu einem dünnen Vorteig verrühren und zugedeckt 15 Minuten gehen lassen. • Das Salz über das Mehl streuen und dieses mit dem Vorteig verkneten, bis das Wasser ganz aufgesogen ist. • Den Teig zugedeckt 30 Minuten gehen lassen, danach nochmals kräftig durchkneten. Sollte der Teig zu fest sein, fügt man noch etwas Wasser hinzu, ist er zu weich, muß man noch etwas Weizen-Vollkornmehl unterkneten. • Den Teig zu einem Rechteck von 30 × 40 cm ausrollen. • Das Ei verquirlen und die Teigplatte damit bestreichen. Die Pistazien grobmahlen und darüberstreuen. • Den Teig fest zusammenrollen und 12 gleich dicke Scheiben davon abschneiden. • Die Scheiben mit genügend Abstand zueinander auf das gefettete Backblech legen und zugedeckt 15 Minuten gehen lassen, bis sie sich um etwa ein Drittel vergrößert haben. • Den Backofen auf 180° vorheizen. • Die Schnecken auf der mittleren Schiene in 15 bis 20 Minuten goldbraun backen und danach mit etwas kaltem Wasser besprühen oder bepinseln.

Party-Brötchen als Gebildgebäck

Die attraktiv geformten Brötchen sind bei Gästen besonders beliebt

Zutaten für 19 Brötchen:
800 g Weizen-Vollkornmehl
200 g Roggen-Vollkornmehl
2 Eßl. Sauerteig
¾ l lauwarmes Wasser
4 Teel. Trockenhefe
1 Teel. Zucker
1 Eßl. Salz
je 1 Messerspitze gemahlener Koriander und Kardamom
Zum Bestreuen:
je 3 Eßl. Mohn und Sesam
Für das Backblech: Backpapier

Braucht viel Zeit
Etwas schwierig

Pro Brötchen etwa:
750 kJ/180 kcal · 7 g Eiweiß
3 g Fett · 33 g Kohlenhydrate

Vorbereitungszeit: 1¼ Stunden
Ruhezeit: 14 Stunden
Backzeit: 35 Minuten

Beide Mehlsorten in einer großen Schüssel mischen und in die Mitte eine Vertiefung drükken. • Den Sauerteig in die Mulde geben, diesen mit etwas Wasser verrühren und die Trockenhefe mit dem Zucker darüberstreuen. • Das Salz und die Gewürze auf den Mehlrand verteilen. Das gesamte Mehl mit dem übrigen Wasser und dem Sauerteig-Ansatz verrühren und zuletzt kneten, bis der Teig geschmeidig und glatt ist. • Den Teig zu einer Kugel formen, mit etwas Mehl bestäuben und mit einem Tuch zugedeckt an einem warmen Platz 12 Stunden gehen lassen. • Den Teig danach noch einmal kräftig durchkneten; sollte er noch kleben, etwas Mehl unterkneten. • Das Backblech mit Backpapier auslegen. • Aus dem Teig auf einer leicht bemehlten Arbeitsfläche eine lange Rolle von ungefähr 7 cm Durchmesser formen. Die Rolle in 13 gleich große Stücke schneiden. • Zuerst ein rundes Brötchen formen und dieses in die Mitte des Backblechs legen. • Aus den restlichen Stükken etwa 15 cm lange Stränge rollen. Die Hälfte davon zu Ringen formen, die Enden leicht zusammendrücken und die Kreise um das Brötchen legen. Die übrigen 6 Stränge als Bögen von einem Kreis zum anderen führen, so daß die Ringe dadurch miteinander verbunden werden. Alle Teile sollen einander leicht berühren. • Das Gebilde mit einem Tuch bedecken und weitere 2 Stunden gehen lassen. • Den Backofen auf 220° vorheizen. • Das aufgegangene Teiggebilde mit lauwarmem Wasser bestreichen. Das Brötchen in der Mitte und die Bögen mit Mohn bestreuen, die Ringe mit Sesam. • Das Gebilde im Backofen auf der mittleren Schiene 15 Minuten bakken. Die Temperatur dann auf 180° zurückschalten und das Brotgebilde in weiteren 20 Minuten goldbraun backen. • Die Brotblume auf dem Blech einige Minuten abkühlen lassen. Das Gebilde danach mit Hilfe des Backpapiers auf ein Kuchengitter gleiten lassen. • Das Brot schmeckt frisch gebacken am besten.

Unser Tip: Sollte Ihr Backblech für ein derartiges Gebilde zu klein sein, so können Sie den Teig zuerst in 2 Portionen teilen und 2 Gebilde in der gleichen Form nacheinander daraus backen. – Wer keine Lust dazu hat, dieses etwas aufwendige Brotgebilde herzustellen, formt kleine runde Brötchen aus dem gegangenen Teig und legt diese von der Mitte aus in 2 Springformen von 24 cm Durchmesser. Die Brottorten wie die Brotblume mit Mohn und Sesam bestreuen und 45 Minuten bei gleicher Temperatur backen.

Würzige Anisbrötchen

Eine angenehme Überraschung zum Frühstück

Zutaten für 12 Brötchen:
500 g Weizenmehl
1 Päckchen Trockenhefe
1 Prise Zucker
1 Teel. Salz
1 Teel. gemahlener Anis
¼ l lauwarme Milch
100 g weiche Butter
1 Ei
1 Eßl. Kondensmilch
je 1 Eßl. abgezogene gehackte Mandeln und Pistazien
Für das Backblech: Butter

Gelingt leicht • Schnell

Pro Brötchen etwa:
1000 kJ/240 kcal · 7 g Eiweiß
10 g Fett · 32 g Kohlenhydrate

Vorbereitungszeit: 20 Minuten
Ruhezeit: 1 Stunde
Backzeit: 20–25 Minuten

Das Mehl mit der Hefe, dem Zucker, dem Salz und dem Anis in einer Schüssel mischen. • Die Milch, die Butter und das Ei hinzufügen und alle Zutaten zu einem glatten Teig verkneten. • Den Teig mit etwas Mehl bestäuben und zugedeckt an einem warmen Platz 45 Minuten gehen lassen. • Das Backblech mit Butter bestreichen. • Den Teig erneut durchkneten, zu einer Rolle formen und diese in 12 gleich große Stücke teilen. • Aus den Teigstükken Brötchen formen. Die Brötchen auf das Backblech legen und zugedeckt noch 15 Minuten gehen lassen. • Den Backofen auf 200° vorheizen. • Die Brötchen mit der Kondensmilch bestreichen, 6 Brötchen mit den Mandeln und die übrigen mit den Pistazien bestreuen. Die Anisbrötchen im Backofen auf der mittleren Schiene in 20 bis 25 Minuten goldgelb backen.

Knusprige Speckwecken

Statt mit Kümmel kann man die Wecken auch mit Mohn bestreuen

Zutaten für 12 Wecken:
500 g Weizenmehl
1 Päckchen Trockenhefe
1 Prise Zucker · ½ Teel. Salz
¼ l lauwarme Milch
100 g weiche Butter
1 Ei · 1 Zwiebel
200 g Frühstücksspeck in Scheiben
½ Teel. getrockneter Thymian
1 Eßl. Kondensmilch
1 Teel. Kümmel
Für das Backblech: Butter

Gelingt leicht • Schnell

Pro Wecken etwa:
1380 kJ/330 kcal · 8 g Eiweiß
20 g Fett · 32 g Kohlenhydrate

Vorbereitungszeit: 30 Minuten
Ruhezeit: 1 Stunde
Backzeit: 20 Minuten

Das Mehl mit der Hefe, dem Zucker und dem Salz mischen. • Die Milch, die Butter und das Ei hinzufügen; alles gut verkneten. Den Hefeteig zugedeckt an einem warmen Platz 45 Minuten gehen lassen. • Die Zwiebel schälen und feinwürfeln. • Den Speck in dünne Streifen schneiden und in einer trokkenen Pfanne ausbraten. Die Zwiebelwürfel 2 Minuten mitbraten, den zerriebenen Thymian untermischen. Die Speckmasse abkühlen lassen. • Das Backblech mit Butter bestreichen. • Den Teig noch einmal durchkneten, in 12 gleich große Stücke teilen, diese flach auseinanderziehen, die Speckmasse daraufgeben, die Teigränder über der Füllung zusammendrehen und festdrükken. • Die Wecken mit der glatten Seite nach oben auf das Backblech legen und 15 Minuten zugedeckt gehen lassen. • Den Backofen auf 200° vorheizen. • Die Wecken kreuzweise einritzen, mit der Kondensmilch bestreichen, mit dem Kümmel bestreuen und 20 Minuten backen.

Hefehörnchen

Ein leichtes Gebäck, das man am besten ofenfrisch zu süßen und salzigen Beilagen serviert

Zutaten für 16 Hörnchen:	
1 Würfel Hefe (42 g)	
1 Eßl. Zucker	
0,3 l lauwarmes Wasser	
750 g Weizenmehl	
2 Teel. Salz	
3 Eßl. Kondensmilch	
Für das Backblech: Butter	

Preiswert • Gelingt leicht

Pro Hörnchen etwa:
710 kJ/170 kcal · 6 g Eiweiß
1 g Fett · 36 g Kohlenhydrate

Vorbereitungszeit: 30 Minuten
Ruhezeit: 2 Stunden
Backzeit: 30 Minuten

Die Hefe und den Zucker in 5 Eßlöffeln lauwarmem Wasser auflösen und 15 Minuten zugedeckt an einem warmen Platz bei etwa 22° gehen lassen. • Den Hefeansatz mit dem Mehl, dem restlichen lauwarmen Wasser und dem Salz verrühren und zuletzt kräftig durchkneten, bis sich der Teig vom Schüsselrand löst. • Den Teig zugedeckt erneut an einem warmen Platz 1 Stunde gehen lassen. • Den Hefeteig danach noch einmal durchkneten und in 2 Portionen teilen. • Jedes Teigstück auf einer leicht bemehlten Arbeitsfläche zu einer runden Platte mit einem Durchmesser von 40 cm ausrollen und den Kreis wie einen Kuchen in 8 gleich große Stücke schneiden. • Das Backblech mit Butter bestreichen. • Die Basis der Teigdreiecke in der Mitte etwa 5 cm hoch einschneiden. Die Dreiecke von der Basisfläche aus zur Spitze hin aufrollen, zu Hörnchen biegen und auf das Backblech legen. • Die Hörnchen zugedeckt 45 Minuten gehen lassen. • Den Backofen auf 225° vorheizen. Eine feuerfeste Schüssel mit kaltem Wasser auf den Boden des Backofens stellen. • Die Hörnchen mit der Kondensmilch bestreichen und auf der mittleren Schiene des Backofens in 30 Minuten goldbraun backen. Nach 10 Minuten das Wasser aus dem Herd nehmen und die Temperatur auf 200° zurückschalten.

Muffins aus Weizenmehl oder Maisgrieß

Für diese Brötchen aus England braucht man eine spezielle Form, man kann aber auch kleine Aluminiumformen verwenden

Muffins aus Weizenmehl

im Bild hinten

Zutaten für 1 Muffinblech oder 12 Förmchen:
- 300 g Weizenmehl
- 20 g Zucker
- 2 Teel. Backpulver
- ½ Teel. Salz
- 1 Ei
- ⅛ l Milch
- 6 Eßl. geschmacksneutrales Öl
- 1 Eßl. Sesam
- 1 Eßl. gehackte Kürbiskerne

Für 1 Muffinblech oder die Förmchen: Öl

Spezialität • Schnell

Pro Muffin etwa:
670 kJ/160 kcal · 4 g Eiweiß
6 g Fett · 22 g Kohlenhydrate

Vorbereitungszeit: 20 Minuten
Backzeit: 20–25 Minuten

Den Backofen auf 200° vorheizen. Das Muffinblech oder die Aluförmchen mit Öl ausstreichen. • Das Mehl, den Zucker, das Backpulver und das Salz in einer Schüssel mischen. • Das Ei, die Milch und das Öl hinzufügen und alles zu einem dickflüssigen Teig verrühren. • Den Teig in die Mulden des Muffinblechs oder in die Aluförmchen füllen und abwechselnd mit dem Sesam und den Kürbiskernen bestreuen. • Die Muffins auf der mittleren Schiene im Backofen in 20 bis 25 Minuten goldgelb backen. • Die Muffins auf einem Kuchengitter abkühlen lassen und so frisch wie möglich servieren.

Muffins aus Maisgrieß

im Bild vorne

Zutaten für 10 Förmchen:
- ¼ l Milch
- 220 g feiner Maisgrieß
- 50 g Weizenmehl
- 2 Teel. Backpulver
- 1 Teel. Salz
- ½ Teel. gemahlener Anis
- 1 Eßl. Zucker
- 2 Eier
- 50 g weiche Butter

Für die Förmchen:
Butter und Semmelbrösel

Schnell • Preiswert

Pro Muffin etwa:
755 kJ/180 kcal · 6 g Eiweiß
8 g Fett · 22 g Kohlenhydrate

Vorbereitungszeit: 20 Minuten
Ruhezeit: 10 Minuten
Backzeit: 20–30 Minuten

Die Förmchen mit Butter ausstreichen und mit Semmelbröseln ausstreuen. • Die Milch zum Kochen bringen. Den Maisgrieß in einer Schüssel mit der kochendheißen Milch übergießen und 10 Minuten zugedeckt quellen lassen. • Den Backofen auf 200° vorheizen. • Das Mehl mit dem Backpulver mischen und mit dem Salz, dem Anis und dem Zucker unter den Grießbrei mengen. Die Eier mit der Butter ebenfalls unterrühren. • Den Teig in die Förmchen füllen. Die Muffins auf dem Grillrost auf der mittleren Schiene in 20 bis 30 Minuten goldbraun backen. • Muffins aus Maisgrieß schmecken am besten noch heiß oder warm, mit kalter Butter bestrichen.

Paprikazöpfe

Variante: 1 Zucchino und Knoblauch statt Paprikaschoten verwenden

Zutaten für 4 Zöpfe:
500 g Weizenmehl
1 Päckchen Trockenhefe
1 Teel. Salz · ½ Teel. Zucker
¼ l lauwarme Milch
2 Eßl. saure Sahne
40 g weiche Butter
je 1 grüne und rote
Paprikaschote · 1 Chilischote
1 mittelgroße Zwiebel
2 Eßl. Öl · 1 Eigelb
2 Eßl. Sesam
Für das Backblech: Butter

Preiswert • Etwas schwierig

Pro Zopf etwa:
3400 kJ/810 kcal · 23 g Eiweiß
27 g Fett · 99 g Kohlenhydrate

Vorbereitungszeit: 40 Minuten
Ruhezeit: 1 Stunde
Backzeit: 30 Minuten

Das Mehl mit der Hefe, dem Salz und dem Zucker mischen. • Die Milch, die saure Sahne und die Butter hinzufügen und alle Zutaten gut verkneten. • Den Teig zugedeckt 30 Minuten gehen lassen. • Die Paprikaschoten und die Chilischote waschen, putzen und feinwürfeln. • Die Zwiebel schälen und feinhakken. • Das Öl erhitzen, das zerkleinerte Gemüse darin 3 Minuten braten und abkühlen lassen. • Den Hefeteig erneut durchkneten und dabei das Gemüse unterarbeiten. • Das Backblech mit Butter bestreichen. • Den Teig in 4 Stücke teilen und aus jedem Stück 3 gleich lange Rollen formen, daraus 4 Zöpfe flechten, diese auf das Backblech legen und zugedeckt 30 Minuten gehen lassen. • Den Backofen auf 200° vorheizen. • Das Eigelb mit 1 Eßlöffel Wasser verquirlen. Die Zöpfe damit bepinseln, mit dem Sesam bestreuen und auf der mittleren Schiene in etwa 30 Minuten goldbraun backen.

Kümmel-Vollkorn-Brötchen

Wer sie noch herzhafter wünscht, nimmt nur Vollkornmehl

Zutaten für 25 Ringe:
1½ Würfel Hefe (63 g)
0,6 l lauwarmes Wasser
2 Eßl. Zucker
450 g Weizen-Vollkornmehl
450 g Weizenmehl
2 Teel. Salz
6 Eßl. Kümmel
Für das Backblech: Butter

Preiswert • Gelingt leicht

Pro Ring etwa:
545 kJ/130 kcal · 4 g Eiweiß
1 g Fett · 25 g Kohlenhydrate

Vorbereitungszeit: 45 Minuten
Ruhezeit: 1½ Stunden
Backzeit: 20–25 Minuten

Die Hefe in 0,1 l lauwarmem Wasser mit dem Zucker auflösen und zugedeckt 15 Minuten an einem warmen Platz gehen lassen. • Beide Mehlsorten mischen und mit dem übrigen lauwarmen Wasser, dem Salz und dem Hefeansatz kräftig verkneten, bis sich der Teig vom Schüsselrand löst. • Den Hefeteig zugedeckt an einem warmen Platz 1 Stunde gehen lassen. • Das Backblech mit Butter bestreichen. • 2 Eßlöffel Kümmel zum Teig geben, den Teig noch einmal durchkneten, in 25 gleich große Stücke teilen und diese zu Kugeln formen. • Die Kugeln flach drükken, mit einem bemehlten Finger ein Loch in die Mitte bohren und die Teigplatte um den Finger wirbeln, bis ein Ring entstanden ist. • Die Ringe auf das Backblech legen und zugedeckt 15 Minuten gehen lassen. • Den Backofen auf 220° vorheizen. 1 Tasse kaltes Wasser auf den Boden des Backofens schütten. • Die Ringe in gleichmäßigem Abstand schräg einschneiden, mit Wasser bestreichen, mit dem restlichen Kümmel bestreuen und diesen etwas andrücken. • Die Ringe 20 bis 25 Minuten backen. Nach 5 Minuten Backzeit die Temperatur auf 200° zurückschalten.

Party-Sonnen

Ihre Gäste werden staunen, wenn sie auf Ihrem Party-Buffet so liebevoll gestaltete Brote entdecken

Zutaten für 2 Sonnen von jeweils 20 Brötchen:

- 1 kg Weizenmehl
- 1 Würfel Hefe (42 g)
- 1 Teel. Zucker
- ½ l lauwarmes Wasser
- 2 Teel. Salz

Zum Bestreichen und Bestreuen:

- ⅛ l Milch
- 3 Eßl. Kürbiskerne
- 3 Eßl. Erdnüsse
- 3 Eßl. Sesam
- 2 Eßl. Hagelsalz

Für die Backbleche: Butter

Braucht etwas Zeit
Gelingt leicht

Bei 40 Brötchen pro Stück etwa:
420 kJ/100 kcal · 3 g Eiweiß
2 g Fett · 19 g Kohlenhydrate

Vorbereitungszeit: 1 Stunde
Ruhezeit: 2 Stunden
Backzeit pro Sonne: 20 Minuten

Das Mehl in eine Schüssel sieben, in die Mitte eine Vertiefung drücken, die Hefe hineinbröckeln und mit dem Zucker, 8 Eßlöffeln Wasser und etwas Mehl zu einem Vorteig verrühren. • Den Vorteig mit etwas Mehl bestäuben und mit einem Tuch zugedeckt an einem warmen Platz bei etwa 22° so lange gehen lassen, bis das Mehl auf der Oberfläche feine Risse zeigt; das dauert ungefähr 20 Minuten. • Den Hefevorteig danach mit dem gesamten Mehl, dem restlichen lauwarmen Wasser und dem Salz zu einem Teig verkneten, der Blasen wirft und sich gut vom Schüsselrand löst. • Die Oberfläche des Hefeteigs mit etwas Wasser bestreichen und den Teig erneut zugedeckt an einem warmen Platz 45 Minuten gehen lassen. Der Teig soll während dieser Zeit sein Volumen verdoppeln. • Den Teig danach noch einmal kräftig durchkneten und weitere 15 Minuten gehen lassen. • 2 Backbleche mit Butter bestreichen. • Aus dem Hefeteig 2 gleich große Rollen formen und jede Rolle in 20 gleich große Scheiben schneiden. • Aus den Teigscheiben Kugeln formen und je 20 Kugeln kreisförmig, dicht nebeneinander, auf die Backbleche setzen. • Die Kürbiskerne und die Erdnüsse hacken. • Die Brötchen mit der Milch bestreichen und abwechselnd mit den Kürbiskernen, den Erdnüssen, dem Sesam und dem Salz bestreuen. • Die beiden Sonnen mit einem Tuch bedeckt 30 Minuten an einem warmen Platz gehen lassen. • Den Backofen auf 200° vorheizen. • Die beiden Sonnen nacheinander im Backofen auf der mittleren Schiene in etwa 20 Minuten goldbraun backen. • Die fertigen Sonnen jeweils mit 2 Teigspateln vom Backblech auf ein Kuchengitter heben und abkühlen lassen.

Unser Tip: Die Samen oder Nüsse zum Bestreuen der Brötchen kann man beliebig variieren; so sind die Sonnen beispielsweise auch mit gehackten Sonnenblumenkernen und Mohn, statt mit Kürbiskernen und Sesam bestreut, sehr dekorativ.

Kräuterscones

Man sollte sie möglichst ofenfrisch genießen

Zutaten für 12 Stück:
6 Eßl. gemischte frische Kräuter wie Kresse, Majoran, Zitronenmelisse oder Wildkräuter
200 g Weizenmehl
50 g Weizenflocken
1 Teel. Backpulver
1 Teel. Salz
1 Prise Pfeffer
50 g Butter
5 Eßl. saure Sahne
1 Ei
Für das Backblech: Butter

Spezialität aus Großbritannien

Pro Scone etwa:
500 kJ/120 kcal · 4 g Eiweiß
5 g Fett · 13 g Kohlenhydrate

Vorbereitungszeit: 30 Minuten
Backzeit: 15 Minuten

Die Kräuter waschen, trockenschleudern und feinhaken. • Den Backofen auf 225° vorheizen. Das Backblech mit Butter bestreichen. • Das Mehl, die Weizenflocken, das Backpulver, das Salz und den Pfeffer mischen. • Die Butter in Flöckchen auf das Mehl schneiden. Die saure Sahne und die Kräuter dazugeben und alle Zutaten verkneten. • Den Teig auf einer leicht bemehlten Arbeitsfläche 2 cm dick ausrollen, 12 Kreise von etwa 7 Durchmesser ausstechen und auf das Backblech legen. • Das Ei verquirlen, die Kreise damit bestreichen und im Backofen auf der mittleren Schiene in 15 Minuten goldgelb backen.

Weizenstutzen

Je nach Geschmack nimmt man mehr Vollkorn- oder raffiniertes Mehl

Zutaten für 16 Stutzen:
1 Würfel Hefe (42 g)
½ l lauwarmes Wasser
1 Teel. Zucker
200 g Weizen-Vollkornmehl
600 g Weizenmehl
2 Teel. Salz
3 Eßl. Kondensmilch
4 Eßl. Hagelsalz
Für das Backblech: Butter

Preiswert • Gelingt leicht

Pro Stutzen etwa:
755 kJ/180 g kcal · 6 g Eiweiß
1 g Fett · 35 g Kohlenhydrate

Vorbereitungszeit: 30 Minuten
Ruhezeit: 1¾ Stunden
Backzeit: 35 Minuten

Die Hefe in 0,1 l lauwarmem Wasser mit dem Zucker verrühren und 15 Minuten zugedeckt bei Raumtemperatur gehen lassen. • Die beiden Mehlsorten mit dem Salz in einer Schüssel mischen, mit dem Hefeansatz und dem restlichen Wasser gut verkneten. • Den Teig zugedeckt 1 Stunde gehen lassen. • Den Teig erneut kräftig durchkneten, zu 2 Kreisen von 40 cm Durchmesser ausrollen und diese in je 8 gleich große Stücke schneiden, jedes Dreieck noch breiter ausrollen und zur Spitze hin aufrollen. • Das Backblech mit Butter bestreichen. Die Stangen darauflegen und zugedeckt 30 Minuten gehen lassen. • Den Backofen auf 225° vorheizen. Eine feuerfeste Schüssel mit kaltem Wasser auf den Backofenboden stellen. • Die Stutzen mit der Kondensmilch bestreichen, mit dem Hagelsalz bestreuen und im Backofen auf der mittleren Schiene in 30 Minuten goldgelb backen. Nach 10 Minuten das Wasser aus dem Ofen nehmen und die Temperatur auf 200° schalten. Die Stutzen nach Beendigung der Backzeit noch 5 Minuten im abgeschalteten Backofen ruhen lassen.

Bierbrötchen

Sie schmecken mit Käse belegt genauso fein, wie mit Sirup oder Honig bestrichen

Zutaten für 16 Brötchen:
500 g Weizenkörner
100 g Roggenkörner
je ½ Teel. gemahlener Anis und Kümmel
1 Teel. Meersalz
1 Würfel Hefe (42 g)
1 Eßl. Zuckerrübensirup
gut ¼ l lauwarmes Malzbier
Für das Backblech: Butter

Vollwertrezept
Gelingt leicht

Pro Brötchen etwa:
500 kJ/120 kcal · 4 g Eiweiß
1 g Fett · 23 g Kohlenhydrate

Vorbereitungszeit: 30 Minuten
Ruhezeit: 1 Stunde
Backzeit: 20–25 Minuten

Die Weizen- und die Roggenkörner feinmahlen und mit den Gewürzen und dem Salz in einer Schüssel mischen. • In die Mitte eine Mulde drücken, die Hefe hineinbröckeln, den Sirup darüberträufeln und 2 Minuten warten, bis sich die Hefe aufgelöst hat. Das Bier mit etwas Mehl unter die Hefe rühren und den Vorteig zugedeckt bei Raumtemperatur 15 Minuten gehen lassen. • Den Hefevorteig mit dem Mehl mischen und zuletzt kneten, bis das Mehl die gesamte Flüssigkeit aufgenommen hat. • Den Teig zugedeckt 30 Minuten an einem warmen Platz gehen lassen. • Das Backblech mit Butter bestreichen. • Den Teig erneut durchkneten, je nach Konsistenz des Teiges eventuell noch etwas Wasser oder Mehl hinzufügen. • Den Teig in 16 gleich große Stükke teilen, diese zu Kugeln formen, auf das Backblech legen, etwas flach drücken und zugedeckt gehen lassen, bis sich die Brötchen um etwa ein Drittel vergrößert haben; das dauert ungefähr 20 Minuten. • Den Backofen auf 200° vorheizen. • Die Brötchen auf der mittleren Schiene in 20 bis 25 Minuten goldbraun bakken. • Die Bierbrötchen mit wenig kaltem Wasser besprühen und auf einem Kuchengitter abkühlen lassen.

Erdnußschnecken

Sie schmecken ganz frisch gebacken am besten

Zutaten für 15 Schnecken:
300 g Weizenkörner
100 g Grünkernkörner
20 g puderfeines Vollsojamehl
1 Würfel Hefe (42 g)
2 Teel. flüssiger Honig
¼ l lauwarme Buttermilch
1 Teel. Meersalz
100 g weiche Butter
100 g geröstete Erdnüsse
1 Ei
je 1 Eßl. kleingeschnittene
Petersilie und Schnittlauch
1 Messerspitze schwarzer Pfeffer
Für das Backblech: Butter

Vollwertrezept

Pro Schnecke etwa:
710 kJ/170 kcal · 7 g Eiweiß
8 g Fett · 19 g Kohlenhydrate

Vorbereitungszeit: 45 Minuten
Ruhezeit: 1 Stunde
Backzeit: 25 Minuten

Die Getreidekörner feinmahlen mit dem Sojamehl mischen, in die Mitte eine Mulde drücken. • Die Hefe hineinbröckeln, den Honig darüberträufeln und 2 Minuten warten, bis sich die Hefe aufgelöst hat. • Die Buttermilch mit der Hefe und etwas Mehl verrühren. Den Hefevorteig zugedeckt bei Raumtemperatur 15 Minuten gehen lassen. • Den Vorteig mit dem gesamten Mehl, dem Salz und 50 g Butter verrühren. Den Teig gut durchkneten und zugedeckt 20 Minuten gehen lassen. • Die Erdnüsse hacken. Die übrige Butter zerlassen. • Das Backblech mit Butter bestreichen. • Den Teig kräftig durchkneten, zu einer Platte von 30 × 40 cm ausrollen. Die Teigplatte mit der flüssigen Butter und dem verquirlten Ei bestreichen, mit den Erdnüssen, den Kräutern und dem Pfeffer bestreuen, aufrollen und in 2 cm dicke Scheiben schneiden. Die Schnecken auf das Backblech legen und zugedeckt 25 Minuten gehen lassen. • Den Backofen auf 200° vorheizen. • Die Schnecken in 20 bis 25 Minuten goldbraun backen, danach mit etwas kaltem Wasser besprühen und auf einem Kuchengitter abkühlen lassen.

Brötchen aus Schrot und Korn

Raffinierte Mehlmischungen sind für die beliebten Frühstücksbrötchen längst obligatorisch

Weizenschrotbrötchen

im Bild links und rechts

Zutaten für 12 Brötchen:
- 350 g Weizen-Vollkornmehl
- 150 g feiner Weizenschrot
- 42 g Hefe · 1 Teel. Akazienhonig
- je ⅛ l lauwarme Milch und lauwarmes Wasser
- 1 Messerspitze Meersalz
- je 2 Messerspitzen gemahlener Anis und Koriander
- Zum Bestreuen: 3 Eßl. Weizenschrot
- Für das Backblech: Butter

Vollwertrezept

Pro Brötchen etwa:
630 kJ/150 kcal · 6 g Eiweiß
1 g Fett · 28 g Kohlenhydrate

Vorbereitungszeit: 30 Minuten
Ruhezeit: 1½ Stunden
Backzeit: 25 Minuten

Das Mehl mit dem Schrot mischen, eine Mulde hinein drücken, die Hefe in die Mulde bröckeln und den Honig darüberträufeln. • Die Milch mit dem Wasser mischen, wenig Flüssigkeit zur Hefe gießen und diese mit etwas Mehl verrühren. Den Vorteig zugedeckt 15 Minuten gehen lassen. • Das Salz, die Gewürze und die übrige Flüssigkeit zum Mehl geben und alles mit dem Vorteig verkneten, bis sich der Teig vom Schüsselrand löst. • Den Teig zugedeckt gehen lassen, bis er sein Volumen verdoppelt hat; das dauert etwa 1 Stunde. • Das Backblech mit Butter bestreichen. • Den Teig noch einmal durchkneten, in 12 gleich große Stücke schneiden und Brötchen daraus rollen. • Die Brötchen auf dem Backblech mit lauwarmem Wasser bestreichen, mit dem Schrot bestreuen und zugedeckt 15 Minuten gehen lassen. • Den Backofen auf 220° vorheizen. • Die Brötchen in 25 Minuten goldbraun backen.

Kümmelbrötchen

im Bild in der Mitte

Zutaten für 12 Brötchen:
- 350 g Weizen-Vollkornmehl
- 150 g Roggen-Vollkornmehl
- 1 Würfel Hefe (42 g)
- 1 Teel. Zucker
- ¼-⅜ l lauwarmes Wasser
- 2 Teel. Salz
- ½ Teel. gemahlener Kümmel
- Zum Bestreuen: 3 Eßl. Kümmel
- Für das Backblech: Backpapier

Preiswert • Gelingt leicht

Pro Brötchen etwa:
545 kJ/130 kcal · 5 g Eiweiß
1 g Fett · 26 g Kohlenhydrate

Vorbereitungszeit: 30 Minuten
Ruhezeit: 1½ Stunden
Backzeit: 25 Minuten

Beide Mehlsorten mischen, in die Mitte eine Mulde drükken. Die Hefe hineinbröckeln, mit dem Zucker, etwas Wasser und Mehl verrühren und zugedeckt 15 Minuten gehen lassen. • Das Salz und den gemahlenen Kümmel auf das Mehl streuen, das restliche Wasser nach und nach dazugießen und alles mit dem Vorteig verkneten, bis sich der Teig vom Schüsselrand löst. • Den Teig zugedeckt gehen lassen, bis er sein Volumen verdoppelt hat; das dauert etwa 1 Stunde. • Das Backblech mit Backpapier auslegen. • Den Teig noch einmal durchkneten, in 12 gleich große Stücke schneiden, Kugeln daraus formen. Die Brötchen auf das Blech legen, über Kreuz leicht einschneiden, mit lauwarmem Wasser bestreichen und mit dem Kümmel bestreuen. • Die Brötchen zugedeckt 15 Minuten gehen lassen. • Den Backofen auf 220° vorheizen. • Die Brötchen in 25 Minuten goldbraun backen.

Laugenbrezen

Die knusprigen Laugenbrezen selbst herzustellen, bereitet keine große Mühe

Zutaten für 10 Brezen:
½ Würfel Hefe (21 g)
1 Eßl. Zucker
¼ l lauwarmes Wasser
500 g Weizenmehl
1 Teel. Salz
15 g Natron
2 Eßl. Hagelsalz
Für das Backblech: Butter

Berühmtes Rezept

Pro Breze etwa:
795 kJ/190 kcal · 6 g Eiweiß
2 g Fett · 37 g Kohlenhydrate

Vorbereitungszeit: 30 Minuten
Ruhezeit: 1¼ Stunden
Backzeit: 30 Minuten

Die Hefe mit dem Zucker in wenig lauwarmem Wasser auflösen und zugedeckt bei Raumtemperatur 15 Minuten gehen lassen. • Den Hefeansatz mit dem Mehl, dem restlichen lauwarmen Wasser und dem Salz verrühren. Den Teig gut durchkneten und zugedeckt an einem warmen Platz 1 Stunde gehen lassen. • Den Teig noch einmal kräftig durchkneten und in 10 gleich große Stücke teilen. Aus jedem Teigstück eine 50 cm lange Rolle formen, deren Mitte etwa daumendick und deren Enden bleistiftdünn sind. Aus diesen Strängen Brezen bilden und die Enden auf dem dickeren Teil andrükken. • Das Backblech mit Butter bestreichen. • Das Natron in 1 l Wasser auflösen und zum Kochen bringen. Dabei sehr vorsichtig mit der Lauge umgehen; sie soll nicht mit Aluminium und der Haut in Berührung kommen, da sie ätzend wirkt. • Jeweils 2 Brezen ½ Minute lang in die kochende Lauge tauchen. Die Brezen dabei öfters umdrehen; danach kurz abtropfen lassen, auf das Backblech legen und mit dem Hagelsalz bestreuen. • Den Backofen auf 225° vorheizen. • Die Brezen im Backofen auf der mittleren Schiene in 30 Minuten goldbraun bakken. • Die Brezen am besten ofenfrisch verzehren.

Buchweizen-Knäckebrot

In einer gut verschlossenen Blechdose mindestens 1 Woche frisch

Zutaten für 25 Brote:
je 200 g Buchweizen- und Roggenkörner
2 Teel. Weinstein-Backpulver
1 Teel. gemahlener Kümmel
1 Teel. Meersalz
100 g Butter
250 g trockener Magerquark
0,1 l Milch
Für das Backblech: Butter

Vollwertrezept
Gelingt leicht

Pro Knäckebrot etwa:
375 kJ/90 kcal · 3 g Eiweiß
4 g Fett · 11 g Kohlenhydrate

Vorbereitungszeit: 40 Minuten
Ruhezeit: 45 Minuten
Backzeit: 20–25 Minuten

Das Getreide zu feinem Mehl mahlen und mit dem Backpulver, dem Kümmel und dem Salz in einer Schüssel mischen. • Die Butter in Flöckchen auf das Mehl schneiden und den Quark hinzufügen. Alle Zutaten verrühren, nach und nach die Milch dazugeben. Den Teig zuletzt kräftig durchkneten und zugedeckt 45 Minuten ruhen lassen. • Das Backblech mit Butter bestreichen. • Den Teig auf einer mit Mehl bestäubten Arbeitsfläche 3 mm dick ausrollen. Mit einem scharfen Messer oder mit dem Teigrädchen zu 6 × 10 cm großen Platten schneiden. • Die Platten auf das Backblech legen und mit einer Gabel in gleichmäßigen Abständen einstechen. • Die Knäckebrote auf der mittleren Schiene in den kalten Backofen schieben, den Backofen auf 200° schalten und die Brote 20 bis 25 Minuten backen, bis sie fest und brüchig sind. • Die Knäkkebrote mit etwas kaltem Wasser besprühen, auf einem Kuchengitter abkühlen und trocknen lassen.

Feine Zwiebäcke

In einer Blechdose aufbewahrt hat man wochenlang Vorrat

Zutaten für 1 Kastenform von 30 cm Länge:
6 Eier
½ ungespritzte Zitrone
8 Eßl. Ahornsirup
½ Teel Zimtpulver
1 Prise Salz
300 g Weizen-Vollkornmehl
Für die Form: Butter

Preiswert • Gelingt leicht

Bei 26 Scheiben pro Scheibe etwa: 375 kJ/ 90 kcal · 4 g Eiweiß
4 g Fett · 10 g Kohlenhydrate

Vorbereitungszeit: 40 Minuten
Backzeit: 45 Minuten
Ruhezeit: 12 Stunden
Backzeit der Zwiebackscheiben: 8 Minuten

Die Eier in Eigelbe und Eiweiße trennen. • Die Zitrone auspressen und die Schale abreiben. • Die Eigelbe mit dem Zitronensaft, der Zitronenschale, dem Ahornsirup und dem Zimt weißschaumig schlagen. • Den Backofen auf 200° vorheizen. Die Kastenform mit Butter ausstreichen. • Die Eiweiße mit dem Salz zu steifem Schnee schlagen. • Das Mehl unter die Eigelbcreme mischen und den Eischnee unterheben. • Den Teig in die Form füllen und den Kuchen auf der unteren Schiene des Backofens 45 Minuten backen. • Den etwas abgekühlten Biskuit auf ein Kuchengitter stürzen und 12 Stunden ruhen lassen. • Den Backofen auf 150° vorheizen. • Den Kuchen in 26 Scheiben schneiden. Die Zwiebäcke auf der oberen Schiene des Backofens von jeder Seite in etwa 4 Minuten goldgelb rösten.

Unser Tip: Statt mit Zimtpulver kann man den Zwieback auch mit 1 Teelöffel gemahlenem Anis und Vanillepulver würzen. Für Nußzwieback mischt man 200 g Mehl mit 150 g feingehackten Walnüssen unter die Eigelbcreme.

Kaisersemmeln

Eine süddeutsche Spezialität

Zutaten für 20 Semmeln:
je 300 g Weizen- und Dinkelmehl
1 Würfel Hefe (42 g)
3 Teel. Zucker
0,35 l lauwarmes Wasser
2 Teel. Salz
4 Eßl. Mohn
Für das Backblech: Butter

Berühmtes Rezept

Pro Semmel etwa:
460 kJ/110 kcal · 4 g Eiweiß
1 g Fett · 21 g Kohlenhydrate

Vorbereitungszeit: 30 Minuten
Ruhezeit: 1½ Stunden
Backzeit: 20–25 Minuten

Beide Mehlsorten mischen, in die Mitte eine Mulde drükken, die Hefe hineinbröckeln und mit 1 Teelöffel Zucker, der Hälfte des Wassers und etwas Mehl verrühren. Den Vorteig zugedeckt 20 Minuten bei Raumtemperatur gehen lassen. • Das restliche Wasser und das Salz mit dem gesamten Mehl und dem Vorteig 10 Minuten kräftig durchkneten. • Den Teig zugedeckt an einem warmen Platz 45 Minuten gehen lassen. • Das Backblech mit Butter bestreichen. • Den Teig noch einmal kräftig durchkneten, zu einer Rolle formen und diese in 20 gleich große Stücke teilen. Die Teigstücke auf einer bemehlten Arbeitsfläche zu Kugeln drehen. Die Brötchen auf das Backblech legen, mit einem scharfen Messer sternförmig fünfmal einschneiden und zugedeckt 25 Minuten gehen lassen. • Den Backofen auf 220° vorheizen, ein feuerfestes Gefäß mit Wasser auf den Boden des Ofens stellen. • Den restlichen Zucker mit 3 Eßlöffeln Wasser verrühren, die Semmeln damit bestreichen, mit dem Mohn bestreuen und auf der mittleren Schiene in 20 bis 25 Minuten goldgelb backen.

Französische Tafelbrötchen

Sie werden ofenfrisch zu jedem festlichen Menü serviert

Zutaten für 20 Brötchen:
500 g Weizenmehl
1 Würfel Hefe (42 g)
1 Teel. Zucker
gut ¼ l lauwarmes Wasser
80 g Butter
1 Teel. Salz
Für das Backblech: Butter

Spezialität

Pro Brötchen etwa:
500 kJ/120 kcal · 3 g Eiweiß
4 g Fett · 19 g Kohlenhydrate

Vorbereitungszeit: 45 Minuten
Ruhezeit: 1¾ Stunden
Backzeit: 25–30 Minuten

Das Mehl in eine Schüssel sieben, in die Mitte eine Mulde drücken, die Hefe hineinbröckeln, den Zucker darüberstreuen und die Hefe mit etwas Wasser und Mehl verrühren. • Den Vorteig mit Mehl bestäuben und zugedeckt etwa 20 Minuten gehen lassen, bis das Mehl an der Oberfläche feine Risse zeigt. • Die Butter in dem restlichen Wasser schmelzen lassen; wenn nötig, das Wasser etwas erwärmen. • Den Vorteig mit dem Mehl verrühren. Nach und nach die Flüssigkeit und das Salz zum Mehl geben und alles zu einem glatten Teig verkneten. • Den Teig zugedeckt gehen lassen, bis er sein Volumen verdoppelt hat; das dauert etwa 1 Stunde. • Das Backblech mit Butter bestreichen. • Den Teig noch einmal kräftig durchkneten, in 20 gleich große Stücke teilen und diese zu runden und länglichen Brötchen formen. Die länglichen Brötchen rautenförmig, die runden einmal quer einschneiden, die Brötchen mit wenig Mehl bestäuben und zugedeckt 20 Minuten gehen lassen. • Den Backofen auf 220° vorheizen. • Die Brötchen auf der mittleren Schiene in 25 bis 30 Minuten goldgelb backen.

Ringbrötchen

Zarte Gebilde aus Weizen und Dinkel, mit Milch verarbeitet

Zutaten für 12 Brötchen:
300 g Weizenkörner
100 g Dinkelkörner
70 g ungeschälter Sesam
1 Teel. Meersalz
½ Würfel Hefe (21 g)
2 Teel. flüssiger Honig
¼ l lauwarme Milch
Für das Backblech: Butter

Vollwertrezept

Pro Brötchen etwa:
630 kJ/150 kcal · 6 g Eiweiß
4 g Fett · 23 g Kohlenhydrate

Vorbereitungszeit: 40 Minuten
Ruhezeit: 1 Stunde
Backzeit: 15–20 Minuten

Das Getreide feinmahlen. • Die Hälfte der Sesamsamen in einer trockenen Pfanne rösten, bis sie angenehm duften. • Das Mehl mit dem gerösteten Sesam und dem Salz mischen, eine Mulde hineindrücken, die Hefe hineinbröckeln, den Honig darüber träufeln und 2 Minuten warten, bis sich die Hefe aufgelöst hat. • Die Milch mit der Hefe und etwas Mehl verrühren und den Vorteig zugedeckt 15 Minuten bei Raumtemperatur gehen lassen. • Den Vorteig mit dem gesamten Mehl so lange kräftig durchkneten, bis die gesamte Flüssigkeit aufgesogen ist. • Den Teig erneut zugedeckt 25 Minuten gehen lassen. • Das Backblech mit Butter bestreichen. • Den Teig noch einmal durchkneten. Nach Bedarf noch etwas Wasser oder Weizenmehl hinzufügen. • Den Teig in 12 gleich große Stücke teilen, die Teigstücke zu Kugeln formen. Die Kugeln auf dem übrigen Sesam zu 25 cm langen Strängen rollen, diese zu Ringen schließen, auf das Backblech legen, leicht flach drücken und zugedeckt 20 Minuten gehen lassen; die Ringe sollen ihr Volumen um ein Drittel vergrößern. • Den Backofen auf 200° vorheizen. • Die Ringe auf der mittleren Schiene in 15 bis 20 Minuten goldbraun backen, aus dem Ofen nehmen, mit kaltem Wasser besprühen und auf einem Kuchengitter abkühlen lassen.

Brioches

Ofenfrisch, mit kalter Butter gefüllt, genießt man sie in Frankreich zum Frühstück und zwischendurch

Zutaten für 20 Brioche-Förmchen von 8 cm Durchmesser:
750 g Weizenmehl
1 Würfel Hefe (42 g)
50 g Puderzucker
⅛ l lauwarme Milch
200 g Butter
5 Eier
1 Teel. Salz
Zum Bestreichen: 2 Eigelb
Für die Förmchen: Butter

Spezialität aus Frankreich

Pro Brioche etwa:
1210 kJ/290 kcal · 9 g Eiweiß
15 g Fett · 30 g Kohlenhydrate

Vorbereitungszeit: 1 Stunde
Ruhezeit: 1¾ Stunden
Backzeit: 15–20 Minuten

Das Mehl in eine Schüssel sieben, eine Mulde hineindrükken und die Hefe hineinbröckeln. Die Hälfte vom Puderzucker, wenig Milch und etwas Mehl mit der Hefe verrühren und den Vorteig bei Raumtemperatur zugedeckt 15 Minuten gehen lassen. • Die Butter schmelzen und wieder abkühlen lassen. • Die Eier mit dem übrigen Puderzucker, der restlichen Milch, dem Salz und der Butter verrühren, auf den Mehlrand verteilen und alle Zutaten mit dem Vorteig kräftig verkneten. • Den Teig zugedeckt 1 Stunde gehen lassen; der Teig soll sein Volumen verdoppeln. • Die Förmchen mit Butter ausstreichen. • Den Teig noch einmal durchkneten, zu einer Rolle formen und diese in 20 Stücke teilen. • Alle Teigstücke zu jeweils 1 großen und 1 kleinen Kugel drehen. Die großen Kugeln in die Förmchen setzen, eine Mulde hineindrücken und die kleinen daraufdrücken. • Die Eigelbe mit 1 Eßlöffel Wasser verquirlen, die Brioches damit bestreichen und zugedeckt 30 Minuten gehen lassen. • Den Backofen auf 220° vorheizen. • Die Brioches nochmals mit dem restlichen Eigelb bestreichen und im Backofen auf der mittleren Schiene in 15 bis 20 Minuten goldbraun backen.

Croissants

Die zarten Hörnchen aus Plunderteig sind das traditionelle Frühstücksgebäck der Franzosen

Zutaten für 15 Hörnchen:	
500 g Weizenmehl	
½ Teel. Salz	
30 g Hefe	
1 Eßl. Zucker	
knapp ¼ l lauwarme Milch	
300 g Butter	
1 Ei	
Zum Bestreichen:	
1 Eigelb	
1 Eßl. Sahne	
Für das Backblech: Butter	

Spezialität aus Frankreich
Etwas schwierig

Pro Hörnchen etwa:
1380 kJ/330 kcal · 7 g Eiweiß
23 g Fett · 26 g Kohlenhydrate

Vorbereitungszeit: 1½ Stunden
Ruhezeit: 4 Stunden
Backzeit: 20–25 Minuten

Das Mehl in einer Schüssel mit dem Salz mischen, in die Mitte eine Mulde drücken, die Hefe hineinbröckeln und mit dem Zucker, der Milch und etwas Mehl verrühren. Den Hefevorteig mit Mehl bestäuben und zugedeckt an einem warmen Platz so lange gehen lassen, bis das Mehl auf der Oberfläche Risse zeigt; das dauert etwa 20 Minuten. • Ein Viertel der Butter schmelzen und wieder abkühlen lassen. • Die übrige feste Butter auf einer bemehlten Arbeitsfläche mit Mehl bestäuben, zu einem Quadrat von 15 × 15 cm ausrollen und auf Pergamentpapier in den Kühlschrank legen. • Die zerlassene Butter und das Ei auf den Mehlrand geben und mit dem gesamten Mehl und dem Hefevorteig vermengen. Den Teig etwa 20 Minuten lang kneten und schlagen, bis er geschmeidig glänzt und Blasen wirft. • Den Hefeteig zugedeckt bei Raumtemperatur 45 Minuten gehen lassen. • Den Teig noch einmal durchkneten und auf einer bemehlten Arbeitsfläche etwa 20 × 35 cm groß ausrollen. Die Butterplatte darauflegen, den Teig darüberschlagen und 15 Minuten in den Kühlschrank legen. • Den Teig danach 30 × 40 cm groß ausrollen, von beiden Schmalseiten her zweimal übereinanderschlagen und erneut 30 Minuten in den Kühlschrank legen. • Diesen Vorgang noch dreimal wiederholen; in der Fachsprache nennt man das »tournieren«. • Die Teigplatte zuletzt zu einem 25 × 80 cm langen Streifen ausrollen, in Abständen von 10 cm mit einem scharfen Messer Markierungen anbringen und Dreiecke von 25 cm Seitenlänge ausschneiden. Die 10 cm lange Schmalseite der Dreiecke in der Mitte 3 cm tief einschneiden, damit sich die Hörnchen besser biegen lassen. Die Dreiecke zur Spitze hin aufrollen und zu Hörnchen biegen. • Das Backblech mit Butter bestreichen, die Croissants mit etwas Abstand zueinander darauflegen und zugedeckt gehen lassen, bis sich ihr Volumen fast verdoppelt hat; das dauert ungefähr 45 Minuten. • Den Backofen auf 220° vorheizen. • Das Eigelb mit der Sahne verquirlen, die Croissants damit bestreichen und auf der mittleren Schiene des Backofens in 20 bis 25 Minuten goldbraun backen. • Die Hörnchen am besten noch lauwarm mit gekühlter Butter und Konfitüre genießen.

Unser Tip: Croissants lassen sich vielseitig variieren. Sie schmekken auch mit einer süßen Nußfüllung oder mit einer pikanten Farce aus Hackfleisch, Pilzen und Kräutern.

Frische Brötchen für den Frühstückstisch

Am besten schmecken sie noch ofenwarm oder frisch aufgebacken

Milchbrötchen mit Mohn

im Bild links

Zutaten für 15 Brötchen:
250 g Weizen-Vollkornmehl
250 g Weizenmehl
1 Würfel Hefe (42 g)
1 Eßl. Ahornsirup
gut ¼ l lauwarme Milch
40 g Butter · 1 Teel. Salz
Zum Bestreichen und Bestreuen:
2 Eßl. Ahornsirup
3 Eßl. Mohn
Für das Backblech: Butter

Gelingt leicht

Pro Brötchen etwa:
670 kJ/160 kcal · 5 g Eiweiß
4 g Fett · 25 g Kohlenhydrate

Vorbereitungszeit: 40 Minuten
Ruhezeit: 1¾ Stunden
Backzeit: 15–20 Minuten

Das Mehl mischen, die Hefe in eine Mulde bröckeln und den Sirup darüberträufeln. Etwas Milch und Mehl mit der Hefe verrühren und den Vorteig zugedeckt bei Raumtemperatur 15 Minuten gehen lassen. • Die Butter in der übrigen Milch schmelzen lassen. • Den Vorteig mit dem Mehl verrühren, nach und nach die Milch und das Salz dazugeben und alle Zutaten verkneten; der Teig muß glänzen und sich vom Schüsselboden lösen. • Den Teig zugedeckt so lange gehen lassen, bis er sein Volumen verdoppelt hat; das dauert etwa 1 Stunde. • Das Backblech mit Butter bestreichen. • Den Teig noch einmal durchkneten, in 15 gleich große Stücke teilen, diese zu länglichen Brötchen formen, auf das Backblech legen, längs leicht einschneiden, mit dem Sirup bestreichen und mit dem Mohn bestreuen. • Die Brötchen zugedeckt 30 Minuten gehen lassen. • Den Backofen auf 200° vorheizen. • Die Brötchen in 15 bis 20 Minuten goldgelb backen.

Quarkbrötchen

im Bild rechts

Zutaten für 16 Brötchen:
300 g Weizenkörner
2 Teel. Kümmel
2 Teel. Weinstein-Backpulver
½ Teel. Meersalz
150 g weiche Butter
250 g Magerquark
Für das Backblech: Butter

Vollwertrezept
Gelingt leicht

Pro Brötchen etwa:
585 kJ/140 kcal · 4 g Eiweiß
8 g Fett · 12 g Kohlenhydrate

Vorbereitungszeit: 30 Minuten
Ruhezeit: 20 Minuten
Backzeit: 20 Minuten

Die Weizenkörner zu feinem Mehl mahlen und mit dem Kümmel, dem Backpulver und dem Salz mischen. • Die Butter in Stückchen über das Mehl schneiden und den Quark hinzufügen. Alle Zutaten verrühren und zuletzt kräftig durchkneten. • Den Teig zugedeckt 20 Minuten ruhen lassen. • Das Backblech mit Butter bestreichen. Den Backofen auf 200° vorheizen. • Den Teig in 4 gleich große Stücke teilen und jedes Stück auf einer bemehlten Arbeitsfläche zu 4 gleich großen Kugeln formen. Die Brötchen auf das Backblech legen, zu etwa 1 cm Dicke flach drücken und im Backofen auf der mittleren Schiene in etwa 20 Minuten goldbraun backen. • Die Quarkbrötchen aus dem Ofen nehmen, von allen Seiten mit kaltem Wasser besprühen und auf einem Kuchengitter abkühlen und trocknen lassen.

Kartoffelbrötchen

Keine Erinnerung an magere Zeiten, sondern ein wahrer Genuß

Zutaten für 15 Brötchen:
400 g Weizen-Vollkornmehl
1 Würfel Hefe (42 g)
1 Teel. Zucker
je ⅛ l lauwarme Milch und lauwarmes Wasser
2 mittelgroße Zwiebeln
1½ Eßl. Butter
100 g Lachsschinken
125 g gekochte Kartoffeln
8 frische Salbeiblätter
2 Eßl. Öl
1 Teel. Salz
1 Messerspitze schwarzer Pfeffer
Für das Backblech: Backpapier

Gelingt leicht

Pro Brötchen etwa:
545 kJ/130 kcal · 4 g Eiweiß
5 g Fett · 20 g Kohlenhydrate

Vorbereitungszeit: 50 Minuten
Ruhezeit: 1¾ Stunden
Backzeit: 25–30 Minuten

Eine Mulde in das Mehl drükken, die Hefe hineinbröckeln und den Zucker darüberstreuen. • Die Milch mit dem Wasser mischen, wenig davon mit der Hefe und etwas Mehl verrühren und den Vorteig zugedeckt bei Raumtemperatur 15 Minuten gehen lassen. • Die Zwiebeln schälen, feinhacken und in ½ Eßlöffel Butter glasig braten. • Den Lachsschinken feinwürfeln. Die Kartoffeln zerdrücken. Den Salbei waschen, trockentupfen und hakken. • Den Vorteig mit dem gesamten Mehl und der übrigen Flüssigkeit verkneten. Die Zwiebeln, den Schinken, die Kartoffeln, den Salbei, das Öl, das Salz und den Pfeffer unterkneten und den Teig zugedeckt gehen lassen, bis er sein Volumen verdoppelt hat; das dauert etwa 1 Stunde. • Das Backblech mit Backpapier auslegen. • Den Teig noch einmal durchkneten, in 15 gleich große Stücke teilen und daraus runde Brötchen formen. • Die Brötchen zugedeckt 30 Minuten gehen lassen. • Den Backofen auf 200° vorheizen. • Die Brötchen kreuzweise einritzen. Die restliche Butter zerlassen, die Brötchen damit bepinseln und auf der mittleren Schiene 25 bis 30 Minuten backen.

Milchhörnchen

Sie lassen sich ebenso gut neutral im Geschmack, als auch zusätzlich mit 1 Eßlöffel Zuckerrohrgranulat gesüßt, zubereiten

Zutaten für 16 Hörnchen:
450 g Weizenkörner
50 g puderfeines Vollsojamehl
1 Würfel Hefe (42 g)
1 Eßl. flüssiger Honig
¼ l lauwarme Milch
1 Teel. Meersalz
50 g weiche Butter
Zum Bestreichen: 4–5 Eßl. Milch
Für das Backblech: Butter

Vollwertrezept
Gelingt leicht

Pro Hörnchen etwa:
585 kJ/140 kcal · 5 g Eiweiß
5 g Fett · 19 g Kohlenhydrate

Vorbereitungszeit: 40 Minuten
Ruhezeit: 1 Stunde
Backzeit: 20–25 Minuten

Die Weizenkörner feinmahlen, mit dem Sojamehl mischen. • In die Mitte des Mehls eine Vertiefung drücken, die Hefe hineinbröckeln, den Honig darüberträufeln. Die Milch mit der Hefe und etwas Mehl verrühren und den Vorteig zugedeckt 15 Minuten bei Raumtemperatur gehen lassen. • Das Salz und die Butter auf den Mehlrand geben, alles mit dem Vorteig verrühren. Den Teig kräftig durchkneten und zugedeckt 30 Minuten gehen lassen. • Das Backblech mit Butter bestreichen. • Den Teig noch einmal durchkneten, eventuell noch etwas Wasser oder Weizen-Vollkornmehl hinzufügen. • Den Hefeteig in 2 Stücke teilen und diese zu Kreisen von 30 cm Durchmesser ausrollen. Die Kreise in je 8 gleich große Stücke schneiden, mit der Milch bestreichen und die Dreiecke von der breiten Seite her zur Spitze hin aufrollen. Die Stangen zu Hörnchen biegen, auf das Backblech legen und zugedeckt 20 Minuten gehen lassen. • Den Backofen auf 200° vorheizen. • Die Hörnchen in 20 bis 25 Minuten goldbraun backen, danach mit kaltem Wasser besprühen und auf einem Kuchengitter abkühlen lassen.

Süße Weizenkeimbrötchen

Noch knuspriger werden die Brötchen, wenn man sie auf einer mit Zuckerrohrgranulat bestreuten Arbeitsfläche formt

Zutaten für 24 Brötchen:	
800 g Weizenkörner	
60 g puderfeines Vollsojamehl	
100 g Weizenkeime (Reformhaus)	
2 Würfel Hefe (84 g)	
4 Eßl. Zuckerrohrgranulat	
0,4 l lauwarme Milch	
½ Teel. Meersalz	
0,1 l Sahne	
100 g ungeschwefelte Rosinen	
Zum Bestreichen: Milch	
Für das Backblech: Butter	

Vollwertrezept
Etwas schwierig

Pro Brötchen etwa:
710 kJ/170 kcal · 7 g Eiweiß
4 g Fett · 28 g Kohlenhydrate

Vorbereitungszeit: 1½ Stunden
Ruhezeit: 2 Stunden
Backzeit: 15–20 Minuten

Die Weizenkörner feinmahlen und mit dem Sojamehl und den Weizenkeimen in einer großen Rührschüssel mischen. • In die Mitte des Mehls eine Mulde drücken, die Hefe hineinbröckeln, das Zuckerrohrgranulat darüberstreuen und 3 bis 4 Minuten warten, bis sich die Hefe aufgelöst hat. • Die Milch mit der Hefe und mit etwas Mehl verrühren und den Vorteig zugedeckt bei Raumtemperatur 30 Minuten gehen lassen. • Das Salz und die Sahne zum Vorteig geben und alle Zutaten verrühren, dann kräftig verkneten. • Den Teig erneut 1 Stunde zugedeckt gehen lassen. • Die Rosinen heiß waschen und abtropfen lassen. • Das Backblech mit Butter bestreichen. • Den Teig noch einmal durchkneten und dabei die Rosinen unterarbeiten, nach Bedarf eventuell noch etwas Milch oder Mehl hinzufügen. • Den Teig in 6 gleich große Teile schneiden und diese in jeweils 4 gleich große Stücke teilen. • Aus 4 Stücken fingerdicke Stränge von 30 cm Länge rollen, deren Enden sich verjüngen. Die Stränge mit Milch bestreichen und zur Mitte hin je eine links- und eine rechtsdrehende Schnecke formen. • Die nächsten 4 Stücke jeweils halbieren, 8 kleine Ovale daraus rollen, mit Milch bestreichen und jeweils 2 Ovale aneinanderdrücken. • 4 weitere Teigstücke ebenfalls halbieren, 8 bleistiftdünne Rollen von 40 cm Länge formen und diese mit Milch bestreichen. Jeweils 2 Rollen spiralförmig umeinanderwinden. Die Enden gut zu Kränzchen verbinden. • Weitere 4 Teigstücke in jeweils 3 Stükke teilen, kleine Kugeln drehen, diese mit Milch bestreichen und immer 3 Kugeln zusammendrükken. • Die nächsten 4 Teigstücke zu fingerdicken, 30 cm langen Strängen rollen, mit Milch bestreichen und zu großen Sechsern formen. • Die letzten 4 Stücke in jeweils 3 Teile schneiden, zu 12 gleichen Strängen rollen, mit Milch bestreichen und 4 Zöpfe daraus flechten. • Die Brötchen auf das Backblech legen und zugedeckt 30 Minuten gehen lassen. • Den Backofen auf 200° vorheizen. • Die Brötchen auf der mittleren Schiene in 15 bis 20 Minuten goldbraun backen, danach mit etwas kaltem Wasser besprühen und auf einem Kuchengitter abkühlen lassen.

Kleinigkeiten für Zwischendurch

Grissini, Käsesterne, Zwiebel-Speck-Plätzchen, Tortillawürfel, Scampi-Pastetchen...

Leichtes Gebäck in Stangenform

Bekömmlich zu Bier und Wein, ohne das Kalorienkonto besonders stark zu belasten

Bierstangen

im Bild hinten

Zutaten für 32 Stangen:
200 g Roggenkörner
200 g Dinkelkörner
2 Teel. Kümmel · 1 Teel. Meersalz
½ Päckchen Sauerteig-Extrakt
½ Päckchen Trockenhefe
1 Eßl. Zuckerrohrgranulat
200 g lauwarme saure Sahne (10 % Fettgehalt)
5 Eßl. Obstessig
4 Eßl. Sonnenblumenöl
Für das Backblech: Butter

Vollwertrezept

Pro Stange etwa:
230 kJ/55 kcal · 2 g Eiweiß
2 g Fett · 8 g Kohlenhydrate

Vorbereitungszeit: 40 Minuten
Ruhezeit: 1 Stunde
Backzeit: 30 Minuten

Beide Getreidearten zu feinem Mehl mahlen und in einer Schüssel mit dem Kümmel, dem Salz, dem Sauerteig-Extrakt, der Trockenhefe und dem Zuckerrohrgranulat mischen. • In die Mehlmischung eine Mulde drükken, die saure Sahne, den Essig und das Öl hineingeben und alle Zutaten zu einem glatten Teig verkneten. Den Teig bei Raumtemperatur zugedeckt 30 Minuten gehen lassen. • Den Teig in 32 gleich große Stücke teilen, am besten abwiegen. Die Teigstücke zu Kugeln formen und auf einer bemehlten Arbeitsfläche zu etwa 20 cm langen Stangen rollen. • Die Stangen zugedeckt 30 Minuten gehen lassen. • Das Backblech mit Butter bestreichen. Den Backofen auf 200° vorheizen. • Die Bierstangen auf das Backblech legen und im Backofen auf der mittleren Schiene in 30 Minuten knusprig und leicht brüchig backen. • Die gebackenen Stangen mit etwas kaltem Wasser besprühen und auf einem Kuchengitter abkühlen und trocknen lassen. • In einer verschlossenen Blechdose bleiben die Bierstangen mindestens 1 Woche frisch.

Grissini

im Bild vorne

Zutaten für 60 Grissini:
500 g Weizenmehl
1 Teel. Salz
50 g Hefe
knapp 0,2 l lauwarmes Wasser
1 Teel. Zucker
6 Eßl. Olivenöl
Zum Bestreichen: Milch
Für das Backblech: Butter oder Olivenöl

Spezialität aus Italien

Pro Stange etwa:
145 kJ/35 kcal · 1 g Eiweiß
1 g Fett · 6 g Kohlenhydrate

Vorbereitungszeit: 40 Minuten
Ruhezeit: 1 Stunde
Backzeit: 15 Minuten

Das Mehl mit dem Salz in einer Schüssel mischen. In die Mitte eine Vertiefung drücken, die Hefe hineinbröckeln und diese mit dem Wasser, dem Zucker und etwas Mehl verrühren. Den Vorteig bei Raumtemperatur zugedeckt 20 Minuten gehen lassen. • Den Hefevorteig mit dem gesamten Mehl und dem Olivenöl zu einem glatten Teig verkneten, der sich gut vom Schüsselrand löst. Den Hefeteig zugedeckt 30 Minuten gehen lassen. • Den Teig auf einer leicht bemehlten Arbeitsplatte etwa 2 cm dick ausrollen und in 10 cm lange Streifen schneiden. Die Streifen zu 20 bis 25 cm langen Rollen formen. • Das Backblech mit Fett bestreichen. Den Backofen auf 220° vorheizen. • Die Grissini auf das Backblech legen, zugedeckt 10 Minuten gehen lassen und mit Milch bepinseln. • Die Stangen im Backofen auf der oberen Schiene in 15 Minuten goldgelb backen.

Delikate Käseplätzchen

Für alle, die lieber herzhaft naschen und als Beigabe zu feiner Bouillon

Zutaten für 80 Plätzchen:
250 g Weizenmehl
1 Teel. Backpulver
je 60 g mittelalter Gouda-, Sbrinz- und Camembert-Käse
200 g kalte Butter
1 Ei
je 1 Messerspitze weißer Pfeffer, geriebene Muskatnuß und Paprikapulver, edelsüß
Zum Bestreichen und Bestreuen:
1 Eigelb
1 Eßl. Sahne
je 1 Eßl. gehackte Erdnüsse, Pistazien und Kümmel, Mohn und Sesam
Für das Backblech: Backpapier

Braucht etwas Zeit

Pro Plätzchen etwa:
185 kJ/45 kcal · 1 g Eiweiß
4 g Fett · 2 g Kohlenhydrate

Vorbereitungszeit: 1½ Stunden
Ruhezeit: 1 Stunde
Backzeit pro Blech: 10 Minuten

Das Mehl mit dem Backpulver auf eine Arbeitsfläche sieben. • Den Gouda und den Sbrinz feinreiben, den Camembert durch ein Sieb streichen. Den Käse über das Mehl streuen. Die Butter in Flöckchen darüberschneiden. Das Ei in die Mitte geben und die Gewürze darüberstreuen. Alle Zutaten zerhacken, dann zu einem glatten Mürbeteig verkneten. • Den Teig zugedeckt 1 Stunde in den Kühlschrank legen. • Das Backblech mit Backpapier auslegen. • Den Teig in 2 Portionen auf einer leicht bemehlten Arbeitsfläche ½ cm dick ausrollen und beliebige, etwa 3 cm große Plätzchen ausstechen oder den Teig mit dem Teigrädchen in kleine Rauten schneiden. • Den Backofen auf 220° vorheizen. • Das Eigelb mit der Sahne verquirlen. • Die erste Portion der Plätzchen auf das Backblech legen, mit der Eigelb-Sahne bestreichen und abwechselnd mit den Nüssen, den Pistazien und den Samen bestreuen. • Die Plätzchen im Backofen auf der oberen Schiene in 10 Minuten goldgelb backen.

Cashew-Plätzchen

Leicht mit Curry gewürzt haben sie eine feine Geschmacksnuance

Zutaten für etwa 70 Plätzchen:
- 150 g gesalzene Cashewkerne
- 150 g Weizenmehl
- 100 g kalte Butter
- 1 Teel. Currypulver
- 1 Messerspitze Salz
- 1 Eßl. Crème fraîche
- 2 Eigelb
- 2–3 Eßl. geriebener Parmesankäse
- Zum Ausrollen: Klarsichtfolie
- Für das Backblech: Backpapier

Etwas schwierig

Pro Plätzchen etwa:
230 kJ/55 kcal · 2 g Eiweiß
5 g Fett · 2 g Kohlenhydrate

Vorbereitungszeit: 1½ Stunden
Ruhezeit: 1 Stunde
Backzeit pro Blech: 15 Minuten

Die Nüsse mahlen und mit dem Mehl mischen. Die Butter in Flöckchen über das Mehl schneiden, den Curry und das Salz darüberstreuen und in die Mitte die Crème fraîche und 1 Eigelb geben. Alle Zutaten zerhakken, dann zu einem glatten Mürbeteig verkneten. Den Teig zugedeckt 1 Stunde in den Kühlschrank stellen. • Das Backblech mit Backpapier auslegen. • Den Teig in 2 Portionen zwischen Klarsichtfolie etwa 3 mm dick ausrollen. • Den Backofen auf 200° vorheizen. • Beliebige, etwa 4 cm große Plätzchen aus dem Teig ausstechen oder mit dem Teigrädchen in Rauten schneiden. • Das übrige Eigelb mit 2 Eßlöffeln Wasser verquirlen. • Die Plätzchen auf das Backblech legen, jeweils mit Eigelb bestreichen, mit Parmesan bestreuen und auf der mittleren Schiene in 15 Minuten goldgelb backen.

Kräuter-Parmesan-Brötchen

Ein würziges Gebäck für den kleinen Hunger zwischendurch

Zutaten für 32 Brötchen:
- je 100 g Weizen- und Dinkelkörner
- 50 g frisch geriebener Parmesankäse
- 1 Teel. Weinstein-Backpulver
- je 1 Messerspitze Meersalz und frisch gemahlener weißer Pfeffer
- je ½ Teel. getrocknetes Basilikum, Rosmarin und Thymian
- 1 Teel. getrocknete Petersilie
- 3 Eier
- 100 g Butter
- Für das Backblech: Butter

Vollwertrezept

Pro Brötchen etwa:
270 kJ/65 kcal · 3 g Eiweiß
4 g Fett · 4 g Kohlenhydrate

Vorbereitungszeit: 40 Minuten
Ruhezeit: 40 Minuten
Backzeit: 15–20 Minuten

Beide Getreidesorten feinmahlen und mit dem Käse, dem Backpulver, dem Salz, dem Pfeffer und den zerriebenen Kräutern auf einer Arbeitsplatte mischen. • In die Mitte eine Mulde drücken, die Eier hineingeben und mit einer Gabel mit etwas Mehl verrühren. Die Butter in Flöckchen über das Mehl schneiden und alle Zutaten zu einem glatten Teig verkneten. Den Teig zugedeckt 40 Minuten ruhen lassen. • Das Backblech mit Butter bestreichen. Den Backofen auf 200° vorheizen. • Aus dem Teig eine lange Rolle formen und diese in 32 gleich große Stücke teilen, am besten abwiegen. Die Teigstücke zu kleinen Kugeln formen, auf das Backblech legen und im Backofen auf der mittleren Schiene in 15 bis 20 Minuten goldbraun backen. • Die Brötchen bleiben in einer verschlossenen Blechdose bis zu 1 Woche frisch.

Würzige Kartoffelplätzchen

Statt im Backofen kann man sie auch in der Pfanne braten

Für etwa 40 Plätzchen:
- 1 kg mehligkochende Kartoffeln
- 2 Knoblauchzehen
- 1 Bund Schnittlauch
- 1 Teel. Salz
- je 1 Messerspitze geriebene Muskatnuß und schwarzer Pfeffer
- 1 Teel. getrockneter Majoran
- 1 Ei · 100 g Weizenmehl
- 100 g frisch geriebener mittelalter Goudakäse
- 120 g gehackte Sonnenblumenkerne
- Für das Backblech und zum Beträufeln: 6 Eßl. Öl

Gelingt leicht • Preiswert

Pro Plätzchen etwa:
290 kJ/70 kcal · 3 g Eiweiß
4 g Fett · 6 g Kohlenhydrate

Garzeit: 30–40 Minuten
Vorbereitungszeit: 40 Minuten
Backzeit: 25–30 Minuten

Die Kartoffeln in 30 bis 40 Minuten garen, pellen und heiß durch die Kartoffelpresse oder ein Sieb drücken. • Den Knoblauch schälen und feinhacken. • Den Schnittlauch waschen, trockenschleudern und in Röllchen schneiden. • Den ausgekühlten Kartoffelschnee mit dem Knoblauch, dem Muskat, dem Pfeffer, dem zerriebenen Majoran, dem Schnittlauch, dem Ei, dem Mehl und dem Käse rasch verkneten. Es soll ein flaumiger, formbarer Teig entstehen; eventuell noch etwas Mehl hinzufügen. • Das Backblech gut mit Öl bepinseln. Den Backofen auf 220° vorheizen. • Den Teig mit bemehlten Händen in etwa 40 Portionen teilen und runde, flache Plätzchen daraus formen. • Die Plätzchen beidseitig in den Sonnenblumenkernen wenden und diese leicht andrücken. • Die Kartoffelplätzchen auf das Blech legen, mit Öl beträufeln und im Backofen auf der mittleren Schiene 25 bis 30 Minuten backen. • Die Plätzchen ofenfrisch genießen.

Zwiebel-Speck-Plätzchen

Mürbeteig, der nicht für Süßes bestimmt ist

Zutaten für 50 Plätzchen:
- 125 g kalte Butter
- 250 g Weizenmehl
- 1 Ei · 1 Prise Salz
- 1 Prise gemahlener Kümmel
- 1 mittelgroße Zwiebel
- 100 g durchwachsener Speck
- 1 Eßl. Öl
- je 1 Prise schwarzer Pfeffer und geriebene Muskatnuß
- 1 Eigelb · 2 Teel. Kümmel
- Für das Backblech: Backpapier

Etwas schwierig

Pro Plätzchen etwa:
270 kJ/65 kcal · 2 g Eiweiß
5 g Fett · 4 g Kohlenhydrate

Vorbereitungszeit: 1 Stunde
Ruhezeit: 1 Stunde
Backzeit: 15 Minuten

Die Butter in Flöckchen über das Mehl schneiden, mit dem Ei, dem Salz und dem gemahlenen Kümmel verkneten. Den Teig in den Kühlschrank legen. • Die Zwiebel schälen und feinhacken. Den Speck von der Schwarte befreien und in winzige Würfel schneiden. • Den Speck in dem Öl ausbraten, die Zwiebel hinzufügen und glasig braten. • Die Speck-Zwiebel-Mischung abtropfen und abkühlen lassen, mit dem Pfeffer und dem Muskat unter den Teig kneten. Den Teig zu einer 4 cm dicken Rolle formen, in Alufolie wickeln und 1 Stunde in den Kühlschrank legen. • Das Backblech mit Backpapier auslegen. Den Backofen auf 200° vorheizen. • Die Teigrolle in 50 Scheiben schneiden. Die Plätzchen auf das Backblech legen. • Das Eigelb mit 1 Eßlöffel Wasser verquirlen, die Plätzchen damit bestreichen und mit dem Kümmel bestreuen. • Die Plätzchen auf der mittleren Schiene in 15 Minuten goldgelb backen. • Frisch aus dem Ofen schmecken sie am besten.

Gefüllte Käsesterne

Wer sie weniger üppig wünscht, bestreicht vor dem Backen alle Sterne mit Eigelb und läßt die Cremefüllung weg

Zutaten für 30 Sterne:
- 250 g Weizenmehl
- 1 gehäufter Eßl. gemahlene Pistazien
- 125 g kalte Butter
- 1 Eigelb
- 2 Eßl. frisch geriebener Parmesankäse
- je ½ Teel. Salz und frisch gemahlener schwarzer Pfeffer
- 150 g Doppelrahm-Frischkäse
- 2 Eßl. Crème fraîche
- 1 Bund Schnittlauch
- 1 Eigelb
- 1 Eßl. Milch
- Für das Backblech: Backpapier

Etwas schwierig

Pro Plätzchen etwa: 460 kJ/ 110 kcal · 3 g Eiweiß
8 g Fett · 6 g Kohlenhydrate

Vorbereitungszeit: 1 Stunde
Ruhezeit: 45 Minuten
Backzeit pro Blech: 15 Minuten

Für den Mürbeteig rasch das Mehl mit den Pistazien, der Butter in Flöckchen, dem Eigelb, 1 Eßlöffel Parmesan und je 1 Prise Salz und Pfeffer verkneten. Den Teig in Alufolie wickeln und 45 Minuten in den Kühlschrank legen. • Den Frischkäse mit der Crème fraîche verrühren. Den Schnittlauch kleinschneiden, mit dem übrigen Salz und Pfeffer unter die Käsecreme mischen. • Das Backblech mit Backpapier auslegen. Den Backofen auf 180° vorheizen. • Den Mürbeteig auf einer bemehlten Arbeitsfläche messerrückendünn ausrollen und 60 kleine Sterne ausstechen. • Das Eigelb mit der Milch verquirlen, die Hälfte der Sterne damit bepinseln, mit dem restlichen Parmesan bestreuen. • Die Plätzchen auf das Backblech legen und auf der mittleren Schiene in 15 Minuten goldgelb backen, danach abkühlen lassen. • Die Käsecreme in einen Spritzbeutel mit kleiner Sterntülle füllen, die unbestrichenen Sterne damit bespritzen und mit den übrigen Sternen bedecken.

Unser Tip: Da der Teig sehr mürbe ist, lassen sich runde Plätzchen eventuell leichter ausstechen.

Ländlicher Imbiß für Feinschmecker

Diese Spezialitäten kann man kalt oder warm servieren

Tortillawürfel

im Bild links

Zutaten für 20 Würfel:
300 g gleich kleine Kartoffeln
1 große Zwiebel
1 kleinere rote Paprikaschote
5 Eßl. Olivenöl
je 1 Teel. Salz und frisch
gemahlener schwarzer Pfeffer
6 Eier

Spezialität aus Spanien
Preiswert

Pro Würfel etwa:
335 kJ/80 kcal · 4 g Eiweiß
6 g Fett · 3 g Kohlenhydrate

Vorbereitungszeit: 1 Stunde
Garzeit: 25 Minuten

Die Kartoffeln und die Zwiebel schälen und in dünne Scheiben beziehungsweise Ringe hobeln. • Die Paprikaschote putzen, waschen und sehr klein würfeln. • 2 Eßlöffel Öl in einer großen Pfanne erhitzen. Die Kartoffelscheiben und die Zwiebelringe darin unter ständigem Umwenden bei mittlerer Hitze in etwa 15 Minuten weich braten. • Die Paprikawürfel 3 Minuten mitbraten, das Gemüse salzen und pfeffern und etwas abkühlen lassen. • Die Eier in einer großen Schüssel verquirlen und das Gemüse daruntermischen. • 2 Eßlöffel Öl in der Pfanne erhitzen, die Eiermischung hineingießen, stocken lassen und dabei die Pfanne öfters rütteln, damit die Tortilla nicht ansetzt. Wenn nur noch die Oberfläche roh ist, die Tortilla auf einen Teller gleiten lassen, mit Hilfe eines zweiten Tellers wenden. Das restliche Öl in der Pfanne erhitzen, die Tortilla gewendet wieder in die Pfanne geben und in weiteren 5 bis 7 Minuten garen. • Die Tortilla auf eine Platte stürzen und in 20 Würfel schneiden.

Maisgrießschnitten

im Bild rechts

Zutaten für 1 Springform
von 26 cm Durchmesser:
1 mittelgroße Zwiebel
2 Knoblauchzehen
1 Eßl. Olivenöl
1 l Rinderbouillon
250 g Maisgrieß
je 1 Teel. Salz und frisch
gemahlener schwarzer Pfeffer
1 Bund Petersilie
Für die Form: Butter

Spezialität aus Spanien
Gelingt leicht

Bei 18 Stücken pro Stück etwa:
250 kJ/60 kcal · 1 g Eiweiß
2 g Fett · 10 g Kohlenhydrate

Vorbereitungszeit: 1 Stunde
Backzeit: 30 Minuten

Die Zwiebel und den Knoblauch schälen. Die Zwiebel feinhacken. • Das Öl in einem Topf erhitzen, die Zwiebel darin glasig braten, den Knoblauch durch die Presse dazudrücken und alles goldgelb werden lassen. • Die Bouillon dazugießen, den Grieß einstreuen und alles unter Umrühren 30 Minuten leicht kochen lassen. Den Grießbrei mit dem Salz und dem Pfeffer würzen und abkühlen lassen. • Den Backofen auf 200° vorheizen. Die Springform mit Butter ausstreichen. • Die Petersilie waschen, trockenschleudern, hacken, unter den Grießbrei mischen und diesen in die Form füllen. • Die Polenta im Backofen auf der mittleren Schiene in etwa 30 Minuten goldbraun backen. • Die Torte in 18 Stücke schneiden und warm servieren.

Heller und Taler, leicht erworben

Eine gut verschließbare Blechdose ist für diesen Schatz der richtige Tresor

Pikante Taler

im Bild links

Zutaten für 30 Taler:
- 150 g Weizenkörner
- 20 g puderfeines Vollsojamehl
- 1 Teel. Weinstein-Backpulver
- je ½ Teel. Salz und Currypulver
- je ½ Teel. getrocknetes Basilikum und Petersilie
- 1 Ei
- 100 g Butter
- 1 Eßl. goldgelbe Leinsamen
- Für das Backblech: Butter

Vollwertrezept
Gelingt leicht

Pro Taler etwa:
210 kJ/50 kcal · 1 g Eiweiß
4 g Fett · 3 g Kohlenhydrate

Vorbereitungszeit: 40 Minuten
Ruhezeit: 1½ Stunden
Backzeit: 15–20 Minuten

Den Weizen zu feinem Mehl mahlen, mit dem Sojamehl, dem Backpulver, dem Salz, dem Curry und den zerriebenen Kräutern mischen und auf eine Arbeitsfläche schütten. • In die Mitte eine Mulde drücken, das Ei hineingeben und mit etwas Mehl mischen. • Die Butter in Flöckchen über das Mehl schneiden. Alle Zutaten rasch verkneten und den Teig zugedeckt 45 Minuten ruhen lassen. • Aus dem Teig 2 Rollen von 4 cm Durchmesser formen, diese in den Leinsamen wenden und die Samen leicht andrücken. • Die Rollen 45 Minuten in den Kühlschrank legen. • Den Backofen auf 200° vorheizen. Das Backblech mit Butter bestreichen. • Die Rollen in ½ cm dicke Scheiben schneiden. Die Taler auf das Backblech legen und auf der mittleren Schiene in 15 bis 20 Minuten goldbraun backen.

Salzheller

im Bild rechts

Zutaten für 25 Heller:
- je 100 g Weizen- und Roggenkörner
- je 50 g Nacktgerste und Nackthafer
- 1 Teel. Meersalz
- 0,2 l Sahne
- 1 Ei
- 2 Teel. flüssiger Honig
- 2 Eßl. Hagelsalz
- Für das Backblech: Butter

Vollwertrezept • Preiswert

Pro Heller etwa:
290 kJ/70 kcal · 2 g Eiweiß
3 g Fett · 8 g Kohlenhydrate

Vorbereitungszeit: 40 Minuten
Ruhezeit: 1½ Stunden
Backzeit: 15–20 Minuten

Alle Getreidekörner zu feinem Mehl mahlen, mit dem Salz vermengen und auf eine Arbeitsfläche schütten. • In die Mitte eine Mulde drücken, die Sahne und das Ei hineingeben und mit etwas Mehl mischen. Alle Zutaten rasch zu einem etwas klebrigen, aber geschmeidigen Teig verarbeiten und dabei den Honig unterkneten. • Den Teig zugedeckt 45 Minuten ruhen lassen. • Aus dem Teig mit angefeuchteten Händen 2 Rollen von 5 cm Durchmesser formen und die Rollen etwas antrocknen lassen. • Das Hagelsalz auf eine Arbeitsfläche streuen, die Rollen darin wenden und das Salz leicht andrücken. • Die Rollen 45 Minuten in den Kühlschrank legen. • Das Backblech mit Butter bestreichen. Den Backofen auf 200° vorheizen. • Die Rollen in ½ cm dicke Scheiben schneiden, auf das Blech legen und im Backofen auf der mittleren Schiene in 15 bis 20 Minuten goldbraun backen.

Kleine Lachspiroggen

Aus dem Osten Europas »eingewandert« – beliebt bei Kennern

Zutaten für 25 Piroggen:
Für den Teig:
400 g Weizenmehl · 20 g Hefe
¼ l lauwarme Milch
1 Teel. Zucker · ½ Teel. Salz
100 g weiche Butter
Zum Füllen:
1 Bund Suppengrün · 1 Zwiebel
6 Eßl. trockener Weißwein
1 Lorbeerblatt
je 1 Teel. getrockneter Estragon und weiße Pfefferkörner
1 Teel. Salz
300 g Lachskoteletts
150 g Champignons
2 Schalotten · 1 Eßl. Butter
2 Eßl. kleingeschnittener Dill
1 Ei
Für das Backblech: Butter

Etwas teurer • Spezialität

Pro Pirogge etwa:
545 kJ/130 kcal · 5 g Eiweiß
6 g Fett · 12 g Kohlenhydrate

Vorbereitungszeit: 2 Stunden
Ruhezeit: 30 Minuten
Backzeit: 30 Minuten

Eine Mulde in das Mehl drükken, die Hefe hineinbröckeln, mit 4 Eßlöffeln Milch und dem Zucker verrühren und zugedeckt bei Raumtemperatur 15 Minuten gehen lassen. • Das gesamte Mehl mit dem Salz, 7 Eßlöffeln Milch, der Butter und dem Hefeansatz verkneten. Den Teig zugedeckt 30 Minuten gehen lassen. • Das Suppengrün putzen und mit der geschälten Zwiebel, dem Wein, den Gewürzen und dem Salz zum Kochen bringen und 10 Minuten ziehen lassen. • Den Lachs in dem Sud in 10 Minuten garen, danach abkühlen lassen. • Die Champignons putzen, mit den geschälten Schalotten feinhacken, in der Butter anbraten. • Den Lachs zerpflücken, mit dem Dill unter die Pilze mischen. • Das Blech einfetten. Den Backofen auf 200° vorheizen. • Den Teig dünn ausrollen, 25 Kreise von 9 cm Durchmesser ausstechen, die Füllung daraufgeben, die Kreise zusammenklappen, Ränder festdrücken. • Die übrige Milch mit dem Ei verquirlen, die Piroggen damit bestreichen; 30 Minuten backen.

Gemüsepiroggen

Piroggen kann man mit vielerlei Farcen füllen – hier eine fleischlose Variante

Zutaten für 25 Piroggen:
250 g trockener Magerquark
250 g Weizenmehl
250 g Butter · 1 Teel. Salz
1 Prise gemahlener Kümmel
je 250 g Möhren und Zucchini
2 Stangen Staudensellerie
1 Zwiebel · 1 Bund Schnittlauch
2 Eßl. Olivenöl
2 Eßl. Crème fraîche
3 Eßl. geriebener Parmesankäse
1 Teel. schwarzer Pfeffer
½ Teel. Paprikapulver, edelsüß
1 Messerspitze Cayennepfeffer
1 Eiweiß · 2 Eigelb
Für das Backblech: Backpapier

Spezialität

Pro Pirogge etwa:
670 kJ/160 kcal · 5 g Eiweiß
12 g Fett · 9 g Kohlenhydrate

Vorbereitungszeit: 2 Stunden
Ruhezeit: 30 Minuten
Backzeit: 25–30 Minuten

Den Quark mit dem Mehl, der Butter, dem Salz und dem Kümmel verkneten. Den Teig zugedeckt 30 Minuten in den Kühlschrank legen. • Die gewaschenen und geschabten Möhren mit den Zucchini feinraspeln. • Den Sellerie waschen, putzen und kleinwürfeln. Die Zwiebel schälen und feinhacken. Den Schnittlauch kleinschneiden. • Die Zwiebel im Öl glasig braten, die Gemüseraspel 5 Minuten mitbraten, nach 3 Minuten die Selleriewürfel hinzufügen. • Das Gemüse vom Herd nehmen, mit dem Schnittlauch, der Crème fraîche, dem Parmesan und den Gewürzen mischen. • Das Backblech mit Backpapier auslegen. Den Backofen auf 180° vorheizen. • Den Teig messerrückendünn ausrollen, 25 Kreise von 8 cm Durchmesser ausstechen und die Gemüsefarce daraufgeben. • Die Ränder mit verquirltem Eiweiß bepinseln, die Kreise zusammenklappen. Die Piroggen mit einer Gabel einmal einstechen. • Die Eigelbe verquirlen. Die Piroggen damit bestreichen, auf das Backblech legen und auf der mittleren Schiene in 25 bis 30 Minuten goldgelb backen.

Kleinigkeiten aus Quark-Butter-Teig

Die jeweilige Füllung harmoniert ausgezeichnet mit der zarten Teigkruste

Safran-Halbmonde

im Bild links

Zutaten für 40 Halbmonde:
220 g Weizenmehl
220 g Butter
220 g Magerquark
2 Prisen Salz
1 Döschen gemahlener Safran
1 Stange Lauch (Porree)
2 Eßl. Butter
½ Teel. schwarzer Pfeffer
100 g Sahne-Gorgonzola
2 Eigelb
Für das Backblech: Backpapier

Etwas teurer

Pro Plätzchen etwa:
375 kJ/90 kcal · 3 g Eiweiß
7 g Fett · 4 g Kohlenhydrate

Vorbereitungszeit: 1 Stunde
Ruhezeit: 45 Minuten
Backzeit: 15–20 Minuten

Das Mehl mit der Butter, dem Quark, 1 Prise Salz und dem Safran verkneten. Den Teig zugedeckt 45 Minuten in den Kühlschrank legen. • Den Lauch putzen, waschen, in dünne Ringe schneiden, 5 Minuten in der Butter braten, salzen, pfeffern, abkühlen lassen und mit dem Gorgonzola und 1 Eigelb vermengen. • Das Backblech mit Backpapier auslegen. Den Backofen auf 200° vorheizen. • Den Teig ½ cm dünn ausrollen, 40 Kreise von 7 cm Durchmesser ausstechen und die Füllung darauf verteilen. Die Kreise zusammenklappen, die Ränder festdrücken und die Oberflächen mit einer Gabel einmal einstechen. • Das übrige Eigelb mit 1 Eßlöffel Wasser verquirlen. Die Halbmonde damit bepinseln, auf das Backblech legen und auf der mittleren Schiene in 15 bis 20 Minuten goldgelb backen; möglichst noch warm servieren.

Kleine Empanadas

im Bild rechts

Zutaten für 40 Empanadas:
250 g Weizenmehl
je 250 g Butter und Magerquark
1 Prise Salz · 1 Zwiebel
2 eingelegte Peperoni
100 g Champignons
1½ Eßl. Rosinen
1 hartgekochtes Ei · 2 Eßl. Öl
250 g gemischtes Hackfleisch
1½ Eßl. Tomatenmark
je ½ Teel. Salz, schwarzer Pfeffer und getrockneter Thymian
1 Messerspitze Cayennepfeffer
2 Eier · 2 Eßl. Milch
Für das Backblech: Backpapier

Spezialität aus Südamerika

Pro Empanada etwa:
460 kJ/110 kcal · 4 g Eiweiß
8 g Fett · 5 g Kohlenhydrate

Vorbereitungszeit: 1½ Stunden
Ruhezeit: 45 Minuten
Backzeit 25–30 Minuten

Das Mehl, die Butter, den Quark und das Salz verkneten. Den Teig zugedeckt 45 Minuten kühl stellen. • Die Zwiebel, die Peperoni und die Pilze putzen und kleinschneiden. Die Rosinen heiß waschen. Das Ei schälen und würfeln. • Die Zwiebel im Öl glasig braten, das Hackfleisch untermischen und braten, bis es grau ist. Das vorbereitete Gemüse, die Rosinen, die Eiwürfel, das Tomatenmark und die Gewürze untermengen, alles 10 Minuten dünsten. • Das Backblech mit Backpapier auslegen. Den Backofen auf 200° vorheizen. • Die Eier trennen. • Den Teig messerrückendünn ausrollen, 40 Quadrate von 7 cm Seitenlänge ausschneiden. Die Füllung darauf verteilen, die Teigränder mit dem Eiweiß bestreichen, die Quadrate zu Dreiecken zusammenklappen, die Ränder festdrücken. • Die Eigelbe mit der Milch verquirlen, die Empanadas damit bepinseln; 25 bis 30 Minuten backen.

Olivenschnecken

Ein ganz besonderer Genuß, wenn man sie ofenfrisch verzehrt

Zutaten für 24 Schnecken:
½ Würfel Hefe (21 g)
1 Prise Zucker
⅛ l lauwarmes Wasser
300 g Weizenmehl
1 Teel. Salz · 3 Eier
6 Eßl. Olivenöl
100 g Mandeln
150 g schwarze Oliven
1 Bund Basilikum
1 Knoblauchzehe
200 g Magerquark
Für das Backblech: Backpapier

Braucht etwas Zeit

Pro Schnecke etwa:
585 kJ/140 kcal · 6 g Eiweiß
8 g Fett · 10 g Kohlenhydrate

Vorbereitungszeit: 1 Stunde
Ruhezeit: 1¾ Stunden
Backzeit: 25–30 Minuten

Die Hefe mit dem Zucker in dem Wasser auflösen und 15 Minuten zugedeckt bei Raumtemperatur gehen lassen. • Das Mehl, das Salz, 1 Ei und das Öl mit dem Hefeansatz verkneten, bis der Teig nicht mehr klebt. Den Teig mit Mehl bestäuben und etwa 1 Stunde zugedeckt gehen lassen, bis er sein Volumen verdoppelt hat. • Die Mandeln mit kochendheißem Wasser überbrühen und aus den Häuten drükken. • Die Oliven entsteinen, mit den Mandeln feinhacken. • Das Basilikum waschen, trockenschleudern und mit der geschälten Knoblauchzehe kleinschneiden. • Den Quark mit der Mandel-Oliven-Masse, 1 Ei und der Kräutermischung verrühren. • Das Backblech mit Backpapier auslegen. • Den Teig 40 × 40 cm groß ausrollen, den Quark daraufstreichen, an einer Seite 2 cm frei lassen. • Den Teig fest aufrollen und mit einem scharfen, bemehlten Messer in 24 Scheiben schneiden. Die Schnecken auf dem Backblech leicht flach drücken. • Das restliche Ei verquirlen, die Schnecken damit bepinseln und zugedeckt 30 Minuten gehen lassen. • Den Backofen auf 200° vorheizen. • Die Schnecken 25 bis 30 Minuten backen.

Pikantes Spritzgebäck

Aus zartem Mürbeteig, raffiniert gewürzt

Zutaten für 60 Plätzchen:
250 g Weizenmehl
150 g frisch geriebener Parmesankäse
50 g Sonnenblumenkerne
175 g weiche Butter
2 Eier
1 Eigelb
1 Prise Zucker
½ Teel. Salz
1 Eßl. Kirschwasser
Für das Backblech: Backpapier

Schnell

Pro Plätzchen etwa:
250 kJ/60 kcal · 2 g Eiweiß
4 g Fett · 3 g Kohlenhydrate

Vorbereitungszeit: 30 Minuten
Ruhezeit: 15 Minuten
Backzeit pro Blech: 15 Minuten

Das Mehl mit 100 g Parmesan mischen. • Die Sonnenblumenkerne mahlen, mit der Butter, den Eiern, dem Eigelb, dem Zucker, dem Salz, dem Kirschwasser und der Mehlmischung zu einem geschmeidigen Teig verkneten. Der Teig darf nicht zu fest sein, da er sich sonst nicht gut spritzen läßt; nötigenfalls noch etwas Kirschwasser unterkneten. • Das Backblech mit Backpapier auslegen. • Den Teig portionsweise in einen Spritzbeutel mit Sterntülle füllen und Stangen, Kreise oder S-Förmchen von etwa 4 cm Größe auf das Backblech spritzen. • Das Spritzgebäck mit dem übrigen Parmesankäse bestreuen und jede Portion vor dem Backen 15 Minuten kalt stellen. • Den Backofen auf 180° vorheizen. • Das Gebäck auf der oberen Schiene in etwa 15 Minuten goldgelb backen.

Blätterteigtaschen

Sie sind mit Hirse und zartem Gemüse gefüllt

Zutaten für 20 Taschen:
300 g tiefgefrorener Blätterteig
3 Frühlingszwiebeln
200 g Egerlinge
1 Eßl. Zitronensaft
1 Eßl. Öl
1 Teel. gehackter Thymian
4 Tomaten
150 g gegarte Hirse
50 g frisch geriebener Parmesankäse
½ Teel. Salz
1 Prise weißer Pfeffer
1 Eigelb

Preiswert • Schnell

Pro Tasche etwa:
500 kJ/120 kcal · 4 g Eiweiß
7 g Fett · 11 g Kohlenhydrate

Vorbereitungszeit: 45 Minuten
Backzeit: 20 Minuten

Die Blätterteigplatten auftauen lassen. • Die Frühlingszwiebeln putzen, waschen und mit dem Grün in dünne Ringe schneiden. Die Pilze putzen, waschen, blättrig schneiden, mit dem Zitronensaft beträufeln und in dem Öl bei starker Hitze unter Umwenden braten, bis die Flüssigkeit verdampft ist. • Die Zwiebelringe und den Thymian kurz mitbraten, die Pfanne vom Herd nehmen. • Die Tomaten waschen und würfeln. • Die Hirse mit den Pilzen, den Tomaten und dem Käse mischen, die Farce mit dem Salz und dem Pfeffer abschmecken. • Die Teigplatten übereinanderlegen und auf einer leicht bemehlten Fläche dünn ausrollen. • Den Backofen auf 230° vorheizen. • Den Teig in 20 gleich große Quadrate schneiden, die Füllung darauf verteilen, die Ränder mit Wasser bepinseln, die Quadrate zusammenklappen und die Ränder festdrücken. • Das Backblech kalt abbrausen. Die Teigtaschen darauflegen; in 20 Minuten goldgelb backen.

Kleine Teilchen als Appetithappen

Sie sind besonders reizvoll wegen ihrer zierlichen Formen

Hefeschnecken

im Bild links

Zutaten für 25 Schnecken:
½ Würfel Hefe (21 g)
⅛ l lauwarme Milch
1 Prise Zucker
250 g Weizenmehl
1 Prise Salz
1 Eigelb
1 Eßl. Butter
150 g geräucherte Wurst
4 Stangen Staudensellerie
1 Eßl. Öl
1 Eßl. gehackte Walnüsse
1 Prise schwarzer Pfeffer
Für das Backblech: Butter

Preiswert

Pro Schnecke etwa:
375 kJ/90 kcal · 3 g Eiweiß
6 g Fett · 8 g Kohlenhydrate

Vorbereitungszeit: 1¼ Stunden
Ruhezeit: 1 Stunde
Backzeit: 20 Minuten

Die Hefe in eine kleine Schüssel bröckeln, mit etwas Milch und dem Zucker verrühren und stehen lassen, bis sie sich aufgelöst hat. • Das Mehl mit dem Salz in einer Schüssel mischen, das Eigelb, die restliche Milch und die Butter hinzufügen und alles mit dem Hefeansatz verkneten, bis sich der Teig vom Schüsselrand löst. • Den Teig zugedeckt bei Raumtemperatur 1 Stunde gehen lassen. • Die Wurst häuten und sehr klein würfeln. Den Sellerie putzen, waschen und kleinschneiden. • Das Öl erhitzen, die Wurst darin ausbraten, den Sellerie kurz mitbraten. Die Mischung auf saugfähigem Papier abtropfen lassen, dann mit den Walnüssen vermengen und mit dem Pfeffer würzen. • Das Backblech mit Butter bestreichen. Den Backofen auf 200° vorheizen. • Den Teig zu einem Rechteck von etwa 25 × 35 cm ausrollen, mit der Füllung bestreichen, ringsum einen 1 cm breiten Rand frei lassen. Den Teig von der Breitseite her aufrollen und die Rolle in 25 Scheiben schneiden. • Die Schnecken auf das Backblech legen und im Backofen auf der mittleren Schiene in 20 Minuten goldbraun backen.

Mohnbrezen

im Bild rechts

Zutaten für 30 Brezen:
250 g Weizenmehl
125 g kalte Butter · 1 Eigelb
1 Eßl. Crème fraîche
je ½ Teel. Salz, Paprikapulver,
edelsüß und frisch gemahlener
schwarzer Pfeffer
3 Eßl. Mohn · 2 Eigelb
Für das Backblech: Butter

Preiswert

Pro Breze etwa: 420 kJ/
100 kcal · 3 g Eiweiß
7 g Fett · 6 g Kohlenhydrate

Vorbereitungszeit: 1 Stunde
Ruhezeit: 40 Minuten
Backzeit: 15–20 Minuten

Das Mehl in eine Schüssel schütten, die Butter in Flöckchen darüberschneiden, das Eigelb, die Crème fraîche, das Salz, das Paprikapulver und den Pfeffer hinzufügen und alles zu einem geschmeidigen Teig verkneten. • Den Teig zu einer Rolle von etwa 3 cm Durchmesser formen und zugedeckt 40 Minuten in den Kühlschrank legen. • Das Backblech mit Butter bestreichen. Den Backofen auf 180° vorheizen. • Die Teigrolle in 30 Scheiben schneiden, auf einer leicht bemehlten Arbeitsfläche 17 cm lange Röllchen daraus drehen und diese zu kleinen Brezen formen. • Den Mohn auf einen Teller geben. Die Eigelbe mit etwas Wasser verquirlen. Die Brezen damit bepinseln, leicht in den Mohn drücken, auf das Backblech legen und 15 bis 20 Minuten backen.

Teigbeutelchen mit Käsefüllung

Der griechische Schafkäse gibt dem Gebäck den typischen Geschmack

Zutaten für 25 Beutelchen:
250 g Weizenmehl · 1 Ei
1–2 Eßl. lauwarmes Wasser
3 Eßl. Olivenöl
1 Prise Salz
1 Teel. Balsamico-Essig
50 g entsteinte schwarze Oliven
250 g griechischer Schafkäse
je ½ Teel. Salz und frisch gemahlener schwarzer Pfeffer
1 Teel. getrockneter Oregano
2 Eßl. gehackte Pistazien
1 Eigelb · 100 g flüssige Butter
1 Bund Schnittlauch
Für das Backblech: Butter

Etwas schwierig

Pro Beutelchen etwa:
545 kJ/130 kcal · 4 g Eiweiß
9 g Fett · 8 g Kohlenhydrate

Vorbereitungszeit: 1 Stunde
Ruhezeit: 30 Minuten
Backzeit pro Blech: 30 Minuten

Das Mehl in eine Schüssel geben. Das Ei mit dem Wasser, dem Öl, dem Salz und dem Essig verquirlen, unter das Mehl mischen und den Teig so lange kneten, bis er nicht mehr klebt. Den Teig zugedeckt 30 Minuten in den Kühlschrank legen. • Die Oliven kleinschneiden, den Schafkäse darüberbröckeln, das Salz, den Pfeffer, den zerriebenen Oregano, die Pistazien und das Eigelb untermischen. • Das Backblech mit Butter bestreichen. Den Backofen auf 180° vorheizen. • Den Teig auf einer bemehlten Arbeitsfläche sehr dünn, 80 × 120 cm groß, ausrollen; wenn nötig, den Teig von der Mitte her mit den Handrücken auseinanderziehen. • Die Teigplatte mit flüssiger Butter bestreichen.
25 Kreise von 8 cm Durchmesser ausstechen, die Füllung darauf verteilen und die Teigränder über der Füllung wie Beutelchen zusammendrücken. • Die Teigbeutel auf das Backblech setzen und auf der mittleren Schiene 30 Minuten backen; während dieser Zeit öfters mit der restlichen Butter bestreichen. • Den Schnittlauch waschen, trockenschleudern und die abgekühlten Teigbeutelchen mit je 1 Schnittlauchstengel umbinden.

Schinkenhörnchen

Je zarter der Schinken, desto schmackhafter die Hörnchen

Zutaten für 16 Hörnchen:
500 g Weizenmehl
½ Würfel Hefe (21 g)
1 Teel. Zucker
¼ l lauwarmes Wasser
1 Teel. Salz · 2 Zwiebeln
250 g magerer roher Schinken
2 Eßl. Butter
2 Eßl. gehackte Petersilie
1 Messerspitze weißer Pfeffer
1 Ei · 1 Eigelb · 3 Eßl. Milch
Für das Backblech: Backpapier

Berühmtes Rezept

Pro Hörnchen etwa:
710 kJ/170 kcal · 6 g Eiweiß
5 g Fett · 24 g Kohlenhydrate

Vorbereitungszeit: 1 Stunde
Ruhezeit: 1 Stunde
Backzeit: 15 Minuten

In das Mehl eine Mulde drükken, die Hefe hineinbröckeln und mit dem Zucker, etwas Mehl und wenig lauwarmem Wasser verrühren. Den Hefeansatz zugedeckt bei Raumtemperatur 15 Minuten gehen lassen. • Das Salz und das übrige Wasser zum Mehl geben und alles zu einem glatten Teig verkneten. Den Teig zugedeckt 30 Minuten gehen lassen. • Die Zwiebeln schälen und feinhacken. Den Schinken kleinwürfeln. • Die Butter erhitzen, die Zwiebeln darin glasig braten, den Schinken und die Petersilie kurz mitbraten. Die Mischung vom Herd nehmen, mit dem Pfeffer würzen und mit dem verquirlten Ei binden. • Das Backblech mit Backpapier auslegen. • Den Hefeteig zu 2 Kreisen von 36 cm Durchmesser ausrollen. Die Kreise in je 8 Dreiecke schneiden, die Füllung darauf verteilen und die Dreiecke zu Hörnchen formen. Die Hörnchen auf das Backblech legen und 15 Minuten ruhen lassen. • Den Backofen auf 220° vorheizen. • Das Eigelb mit der Milch verquirlen, die Hörnchen damit bestreichen und etwa 15 Minuten backen.

Schinkenrhomben

Sie schmecken gut zu Wein und ergänzen Gemüsecremesuppen

Zutaten für 60 Rhomben:
150 g Weizenmehl
150 g Weizen-Vollkornmehl
½ Würfel Hefe (21 g)
1 Teel. Zucker
gut ⅛ l lauwarmes Wasser
2 Eßl. Butter · ¼ Teel. Salz
1 Zwiebel · 1 Teel. Butter
je 150 g gekochter und roher Schinken ohne Fettrand
3 Eier · ⅛ l Sahne
100 g Crème double
100 g frisch geriebener Emmentaler Käse
Für das Backblech: Butter

Etwas teurer

Pro Rhombe etwa:
290 kJ/70 kcal · 3 g Eiweiß
5 g Fett · 4 g Kohlenhydrate

Vorbereitungszeit: 45 Minuten
Ruhezeit: 1½ Stunden
Backzeit: 40 Minuten

Beide Mehlsorten in einer Schüssel mischen, eine Mulde hineindrücken, die Hefe hineinbröckeln und mit dem Zucker und der Hälfte des Wassers verrühren. Den Vorteig zugedeckt 15 Minuten gehen lassen. • Die Butter in dem übrigen Wasser zerlassen und mit dem Salz, dem Vorteig und dem gesamten Mehl verkneten. Den Teig zugedeckt 45 Minuten gehen lassen. • Die Zwiebel schälen, hacken und in der Butter glasig braten. • Den Schinken in Streifen schneiden. • Die Eier mit der Sahne und der Crème double verquirlen, mit dem Schinken und der Zwiebel vermengen. • Die Hälfte des Backblechs mit Butter bestreichen. • Den Teig in der Größe des halben Blechs ausrollen, auf das Blech legen und 30 Minuten gehen lassen. • Den Backofen auf 210° vorheizen. • Die Schinkenmischung auf den Teig streichen, den Käse daraufstreuen. • Den Kuchen auf der mittleren Schiene 40 Minuten backen, danach in 60 Rhomben schneiden.

Herzhafte Spezialitäten aus alten Zeiten

Beide Gebäckarten schmecken am besten noch warm

Grammel-Pogatscherln

im Bild links

Zutaten für 50 Pogatscherl:
400 g fetter Speck
1 Messerspitze getrockneter Beifuß
500 g Weizenmehl
1 Eßl. Butter · 1 Teel. Salz
knapp 0,3 l kaltes Wasser
1 Eigelb
Für das Backblech:
Butter und Mehl

Spezialität aus Böhmen

Pro Pogatscherl etwa:
95 kJ/95 kcal · 2 g Eiweiß
6 g Fett · 7 g Kohlenhydrate

Vorbereitungszeit: 45 Minuten
Ruhezeit: 2 Stunden
Backzeit pro Blech: 12 Minuten

Vom Speck die Schwarte entfernen. Den Speck in Stücke schneiden, mit dem Beifuß durch den Fleischwolf drehen und bei schwacher Hitze ausbraten, dann durch ein Sieb gießen und das Speckfett fest werden lassen. • Das Mehl mit der Butter, dem Salz und dem Wasser zu einem festen Teig verarbeiten. Den Teig etwa 1½ cm dick zu einer Größe von 32 × 42 cm ausrollen. • Die Hälfte der Teigfläche mit dem Speckfett bestreichen, die unbestrichene Hälfte darüberklappen und die Teigplatte 30 Minuten kühl stellen. • Den Teig erneut 1½ cm dick ausrollen, einmal zusammenklappen und wieder 30 Minuten kühl stellen. • Diesen Vorgang noch zweimal in halbstündigen Abständen wiederholen. • Das Backblech mit Butter bestreichen und mit Mehl bestäuben. Den Backofen auf 200° vorheizen. • Die Teigplatte 1½ cm dick ausrollen, runde Krapfen von 5 cm Durchmesser ausstechen, auf das Backblech legen, mit dem verquirlten Eigelb bestreichen und 12 Minuten backen.

Siebenbürger Hanklich

im Bild rechts

Zutaten für 1 Backblech:
je 200 g Roggen- und Weizenmehl
½ Päckchen Trockenhefe
½ Packung Sauerteig-Extrakt
etwa ¼ l lauwarmes Wasser
1 Teel. Honig · 1 Teel. Salz
2 Bund Dill
300 g frisch geriebener Parmesankäse
3 Eier · 300 g Crème fraîche
1 Prise weißer Pfeffer
Für das Backblech:
Schweineschmalz

Spezialität

Bei 30 Schnitten pro Schnitte etwa: 630 kJ/150 kcal
7 g Eiweiß · 9 g Fett
12 g Kohlenhydrate

Vorbereitungszeit: 30 Minuten
Ruhezeit: 1¾ Stunden
Backzeit: 25 Minuten

Die beiden Mehlsorten mit der Hefe, dem Sauerteig-Extrakt, dem Wasser, dem Honig und dem Salz zu einem festen, formbaren Teig verkneten. Den Teig zugedeckt an einem warmen Platz gehen lassen, bis er sein Volumen verdoppelt hat; das dauert etwa 1 Stunde. • Das Backblech mit Schweineschmalz ausstreichen. • Den Teig auf dem Backblech ausrollen und mit einem Holzstäbchen mehrmals einstechen. • Den Dill waschen, trockenschleudern, die Spitzen von den Stengeln zupfen und feinhacken. • Den Parmesankäse mit den Eiern, der Crème fraîche, dem Pfeffer und dem Dill verrühren und auf den Teig streichen. Den Hanklich 40 Minuten zugedeckt gehen lassen. • Den Backofen auf 200° vorheizen. • Den Hanklich im Backofen auf der mittleren Schiene etwa 25 Minuten backen.

Scampi-Pastetchen

Eine delikate Überraschung für festliche Anlässe

Zutaten für 16 Pastetchen:
Für den Teig:
100 g Butter · 0,15 l Wasser
350 g Weizenmehl
½ Teel. Salz
1 Teel. Zuckerrohrgranulat
Zum Füllen:
16 gegarte, ausgehülste Scampi
Saft von ½ Zitrone
1 Messerspitze frisch gemahlener weißer Pfeffer
1 Knoblauchzehe · 2 Schalotten
300 g Blattspinat · ½ Teel. Salz
4 Eßl. Crème fraîche · 1 Eigelb
Für das Backblech: Backpapier

Etwas teurer
Etwas schwierig

Pro Pastetchen etwa:
710 kJ/170 kcal · 6 g Eiweiß
9 g Fett · 17 g Kohlenhydrate

Vorbereitungszeit: 1 Stunde
Ruhezeit: 20 Minuten
Backzeit: 40–50 Minuten

Die Butter mit dem Wasser zum Kochen bringen. • Das Mehl mit dem Salz und dem Zukkerrohrgranulat in einer Schüssel mischen, das kochende Wasser dazugießen, alles zu einem Teig verrühren, diesen in Frischhaltefolie wickeln und 20 Minuten ruhen lassen. Eine Schüssel über den Teig stülpen, da er noch warm weiterverarbeitet werden soll. • Die Scampi mit dem Zitronensaft beträufeln und pfeffern. • Die Knoblauchzehe und die Schalotten schälen und feinwürfeln. • Den Spinat verlesen, waschen, im Tropfwasser erhitzen, bis er zusammenfällt und abtropfen lassen. • Den Knoblauch, die Schalotten und das Salz mit dem Spinat mischen. • Die Scampi mit der Crème fraîche bestreichen und in Spinatblätter hüllen. • Das Backblech mit Backpapier auslegen. Den Backofen auf 200° vorheizen. • Den Teig in 16 Portionen teilen. Jede Portion extra ausrollen, die Scampi in Teig hüllen und die Nahtstellen zusammendrücken. • Die Pastetchen auf das Backblech legen. Das Eigelb verquirlen, die Pastetchen damit bestreichen und im Backofen auf der mittleren Schiene 40 bis 50 Minuten backen.

Vollkorngebäck für die Vorratsdose

Immer richtig, wenn es »kleinen« Hunger zu stillen gilt

Buchweizenstangen

im Bild links

Zutaten für 48 Stangen:
100 g Weizenkörner
50 g Buchweizenkörner
50 g feines Maismehl
1½ Teel. Weinstein-Backpulver
1 Messerspitze Meersalz
1 Teel. Paprikapulver, edelsüß
1 Messerspitze frisch gemahlener schwarzer Pfeffer
2 Eier · 100 g Butter
100 g Schafkäse
Für das Backblech: Butter

Vollwertrezept

Pro Stange etwa:
710 kJ/170 kcal · 1 g Eiweiß
3 g Fett · 3 g Kohlenhydrate

Vorbereitungszeit: 40 Minuten
Ruhezeit: 45 Minuten
Backzeit pro Blech:
15–20 Minuten

Beide Getreidearten zu feinem Mehl mahlen, mit dem Maismehl, dem Backpulver, dem Salz und den Gewürzen mischen, auf eine Arbeitsfläche schütten, in die Mitte eine Mulde drücken, die Eier hineingeben, mit etwas Mehl verrühren. • Die Butter in Flöckchen über das Mehl schneiden. • Den Käse fein zerdrücken und mit der Butter und allen Zutaten zu einem geschmeidigen Teig verkneten. • Den Teig zugedeckt 45 Minuten ruhen lassen. • Das Backblech mit Butter bestreichen. Den Backofen auf 200° vorheizen. • Den Teig in 4 Stücke teilen. Aus jedem Teigstück 12 gleich große Kugeln und diese zu 10 cm langen Stangen rollen. Die Stangen auf das Backblech legen und im Backofen auf der mittleren Schiene in 15 bis 20 Minuten goldbraun backen.

Würzige Emmen-Taler

im Bild rechts

Zutaten für 40 Taler:
je 100 g Weizen- und Roggenkörner
125 g frisch feingeriebener Emmentaler Käse
1 Teel. Weinstein-Backpulver
1 Messerspitze Meersalz
1 Teel. Kümmel
je ½ Teel. Fenchelsamen und Koriander · 1 Ei · 150 g Butter
100 g saure Sahne
Zum Wenden: 2 Eßl. Kümmel
Für das Backblech: Butter

Vollwertrezept

Pro Taler etwa:
250 kJ/60 kcal · 2 g Eiweiß
5 g Fett · 3 g Kohlenhydrate

Vorbereitungszeit: 30 Minuten
Ruhezeit: 1¼ Stunden
Backzeit pro Blech: 15 Minuten

Beide Getreidesorten feinmahlen, mit dem Käse, dem Backpulver, dem Salz und den Gewürzen mischen, auf eine Arbeitsfläche schütten und in die Mitte eine Mulde drücken. Das Ei hineingeben, mit etwas Mehl verrühren. • Die Butter in Flöckchen über das Mehl schneiden. Alles rasch zu einem geschmeidigen Teig verkneten und dabei die saure Sahne unterarbeiten. Den Teig zugedeckt 45 Minuten ruhen lassen. • Aus dem Teig 2 Rollen von 5 cm Durchmesser formen. Die Rollen in dem Kümmel wenden und diesen leicht andrücken. Den Teig zugedeckt 30 Minuten in den Kühlschrank legen. • Das Backblech mit Butter bestreichen. Den Backofen auf 200° vorheizen. • Die Teigrollen in ½ cm dikke Scheiben schneiden, auf das Backblech legen und im Backofen auf der mittleren Schiene 15 Minuten backen.

Knuspriges aus der Friteuse

Am besten schmecken diese Häppchen gleich nach dem Fritieren

Fritierte Käseringe

im Bild links

Zutaten für 70 Ringe:
¼ l Wasser · 100 g Butter
½ Teel. Salz
1 Prise Muskatnuß
175 g Weizenmehl · 4 Eier
80 g frisch geriebener Parmesankäse
1 Eßl. Sesam
Zum Fritieren: 1 l Öl

Schnell • Preiswert

Pro Käsering etwa:
230 kJ/55 kcal · 1 g Eiweiß
4 g Fett · 2 g Kohlenhydrate

Vorbereitungszeit: 25 Minuten
Fritierzeit pro Portion: 4–6 Minuten

Das Wasser mit der Butter, dem Salz und dem Muskat aufkochen lassen, das Mehl hineinschütten und so lange rühren, bis sich der Teig vom Topfboden löst und einen Kloß bildet. Den Teig in eine Schüssel umfüllen, etwas abkühlen lassen und die Eier nacheinander mit dem Käse und dem Sesam unterrühren. • Das Öl in einer Friteuse auf 175° erhitzen. • Den Teig in einen Spritzbeutel mit kleiner Sterntülle füllen und kleine Ringe auf ein leicht gefettetes Pergamentpapier spritzen. Die Ringe portionsweise ins heiße Öl gleiten lassen, von jeder Seite 2 bis 3 Minuten fritieren, mit einem Schaumlöffel aus dem Öl heben und auf saugfähigem Papier abtropfen lassen.

Gefüllte Hefetäschchen

im Bild rechts

Zutaten für 35 Täschchen:
Für den Teig:
42 g Hefe · ¼ l lauwarme Milch
1 Prise Zucker · 1 Teel. Salz
500 g Weizenmehl · 1 Ei
50 g Schweineschmalz
Zum Füllen:
150 g Mozzarellakäse
100 g gekochter Schinken
3 Zweige Zitronenmelisse
100 g Magerquark
2 Eßl. frisch geriebener Parmesankäse
½ Teel. frisch gemahlener schwarzer Pfeffer
¼ Teel. Paprikapulver, edelsüß
1 Teel. Zitronensaft
1 Ei · 1 Eiweiß
Zum Fritieren: 1 l Öl

Spezialität aus Italien

Pro Täschchen etwa:
460 kJ/110 kcal · 5 g Eiweiß
6 g Fett · 11 g Kohlenhydrate

Vorbereitungszeit: 1 Stunde
Ruhezeit: 30 Minuten
Fritierzeit pro Portion: 4 Minuten

Die Hefe in eine Schüssel bröckeln, in der Milch auflösen, alle übrigen Zutaten für den Teig hinzufügen und gut verkneten. Den Teig zugedeckt 30 Minuten bei Raumtemperatur gehen lassen. • Den Käse und den Schinken kleinwürfeln. Die Melisse waschen, trockenschleudern, die Blättchen kleinschneiden, mit den Käse- und Schinkenwürfeln, dem Quark und dem Parmesan mischen, mit den Gewürzen und dem Zitronensaft abschmecken und das Ei untermengen. • Den Teig noch einmal durchkneten, etwa 4 mm dünn ausrollen und in 35 Quadrate von 10 cm Seitenlänge schneiden. • Die Füllung auf die Quadrate verteilen. Die Teigränder mit verquirltem Eiweiß bestreichen und die Quadrate zu Dreiecken zusammenklappen. Die Ränder mit einer Gabel festdrücken. • Das Öl in einer Friteuse auf 175° erhitzen. • Die Täschchen portionsweise im heißen Öl von jeder Seite 2 Minuten fritieren und auf saugfähigem Papier abtropfen lassen.

Gemüse-Speck-Taschen

Besonders leicht gelingen die Taschen, wenn man tiefgefrorenen Blätterteig verwendet

Zutaten für 20 Taschen:
300 g Weizenmehl
½ Teel. Salz · 2 Eigelb
150 g Butter · 150 g Möhren
1 Stange Lauch (Porree)
1 Schalotte
1 Knoblauchzehe
1 Bund Petersilie
150 g durchwachsener Speck
½ Teel. getrockneter Thymian
1 Teel. Zitronensaft
1 Teel. eingelegte grüne Pfefferkörner
Für das Backblech: Butter

Etwas schwierig

Pro Tasche etwa:
840 kJ/200 kcal · 4 g Eiweiß
15 g Fett · 12 g Kohlenhydrate

Vorbereitungszeit: 1 Stunde
Ruhezeit: 30 Minuten
Backzeit: 20–25 Minuten

Das Mehl mit dem Salz und 1 Eigelb in einer Schüssel mischen. Die Butter in Flöckchen dazugeben und alles zu einem glatten Teig verkneten. Den Teig zugedeckt 30 Minuten in den Kühlschrank legen. • Die Möhren waschen, schaben und würfeln. Den Lauch putzen, waschen und in dünne Ringe schneiden. Die Schalotte und den Knoblauch schälen, mit der gewaschenen Petersilie feinhacken. • Den Speck würfeln und in einer Pfanne ausbraten. Die Schalotte und den Knoblauch dazugeben und glasig braten. • Die Möhren und den Lauch untermischen und alles unter Umrühren 5 Minuten dünsten. • Das Gemüse mit der Petersilie, dem zerriebenen Thymian, dem Zitronensaft, den Pfefferkörnern und 1 Prise Salz mischen. • Das Backblech mit Butter bestreichen. Den Backofen auf 200° vorheizen. • Den Mürbeteig 3 mm dünn ausrollen, 20 Quadrate ausschneiden, die Füllung darauf verteilen, die Ecken über der Füllung zusammendrücken. • Die Taschen mit dem restlichen verquirlten Eigelb bestreichen, auf das Backblech legen und im Backofen auf der mittleren Schiene in 20 bis 25 Minuten goldbraun backen.

Russische Käsetörtchen

Tiefgefrorene Törtchen schmecken nochmals überbacken wie ganz frisch zubereitet

Zutaten für 25 Törtchen:
500 g Weizenmehl
1 Päckchen Trockenhefe
1 Prise Zucker
1 Teel. Salz
knapp ¼ l lauwarme Milch
125 g Briekäse
125 g Schafkäse
250 g Magerquark
1 Eßl. Butter
1 Ei
1 Eigelb
1 Bund Petersilie
Für das Backblech: Butter

Spezialität aus dem Kaukasus

Pro Törtchen etwa:
840 kJ/200 kcal · 7 g Eiweiß
5 g Fett · 15 g Kohlenhydrate

Vorbereitungszeit: 1 Stunde
Ruhezeit: 1 Stunde
Backzeit: 20–25 Minuten

Das Mehl mit der Hefe, dem Zucker, dem Salz und der Milch zu einem geschmeidigen Teig verkneten. Den Teig mit etwas Mehl bestäuben und zugedeckt an einem warmen Platz gehen lassen, bis sich sein Volumen verdoppelt hat; das dauert ungefähr 45 Minuten. • Den Brie und den Schafkäse pürieren, mit dem Quark, der Butter und dem Ei verrühren. • Das Backblech mit Butter bestreichen. • Den Hefeteig noch einmal durchkneten, auf einer bemehlten Arbeitsfläche etwa 4 mm dünn ausrollen und 25 Kreise von 10 cm Durchmesser ausstechen. Die Käsemischung darauf verteilen, die Teigränder 1 cm breit über die Füllung ziehen. • Die Törtchen auf das Backblech legen und die Teigränder mit dem verquirlten Eigelb bestreichen. • Die Törtchen zugedeckt 15 Minuten gehen lassen. • Den Backofen auf 200° vorheizen. • Die Törtchen auf der mittleren Schiene des Backofens in 20 bis 25 Minuten goldgelb backen. • Die Petersilie waschen, trockenschleudern und hacken. • Die Törtchen noch warm mit der Petersilie bestreut servieren.

Pikant gefüllte Törtchen

Mit tiefgefrorenem Blätterteig oder mit Mürbeteig zubereitet

Tomatentörtchen

im Bild links

Zutaten für 8 Torteletteförmchen von 12 cm Durchmesser:
- 300 g tiegefrorener Blätterteig
- 10 kleine Tomaten
- 150 g Mozzarellakäse
- 1 Eßl. frisch geriebener mittelalter Goudakäse
- 3 Eier · 4 Eßl. Crème fraîche
- je ½ Teel. Salz, frisch gemahlener schwarzer Pfeffer und getrockneter Oregano
- 2 Bund Basilikum

Preiswert • Schnell

Pro Törtchen etwa:
1215 kJ/290 kcal · 12 g Eiweiß
20 g Fett · 15 g Kohlenhydrate

Vorbereitungszeit: 30 Minuten
Backzeit: etwa 15 Minuten

Den Blätterteig auftauen lassen. • 8 Tomaten überbrühen, häuten und achteln. Den Mozzarella kleinwürfeln. Den geriebenen Käse mit den Eiern und der Crème fraîche verquirlen, mit dem Salz, dem Pfeffer und dem Oregano würzen. Das Basilikum abbrausen, trockenschleudern, 8 schöne Blättchen beiseite legen, die restlichen grobhacken und unter die Eiermasse mischen. • Den Backofen auf 220° vorheizen. Die Förmchen kalt ausspülen. • Den Blätterteig messerrückendünn ausrollen, die Förmchen damit auslegen und die Ränder hochziehen. • Die Tomatenachtel sternförmig in die Förmchen legen, den Mozzarella darüberstreuen, und die Eiermasse darauf verteilen. • Die Törtchen auf dem Backblech auf der unteren Schiene des Backofens 5 Minuten backen. Die Temperatur auf 200° schalten und die Törtchen auf der mittleren Schiene in weiteren 8 bis 10 Minuten goldbraun backen. • Mit den Basilikumblättern und Tomatenscheiben garnieren; warm oder kalt servieren.

Schnittlauchtörtchen

im Bild rechts

Zutaten für 8 Torteletteförmchen von 8 cm Durchmesser:
- 200 g Weizenmehl
- 80 g kalte Butter
- 1 Eigelb · 1 Prise Salz
- 3 Bund Schnittlauch
- 250 g Sahnequark
- 1 Ei · 1 Eigelb
- je 1 Prise Salz und frisch geriebene Muskatnuß
- ½ Teel. frisch gemahlener weißer Pfeffer
- Für die Förmchen: Butter

Preiswert

Pro Törtchen etwa:
1300 kJ/310 kcal · 12 g Eiweiß
22 g Fett · 19 g Kohlenhydrate

Vorbereitungszeit: 40 Minuten
Ruhezeit: 30 Minuten
Backzeit: 20 Minuten

Das Mehl mit der Butter in Flöckchen, dem Eigelb, dem Salz und 2 bis 3 Eßlöffeln kaltem Wasser zu einem glatten Teig verkneten. Den Teig zugedeckt 30 Minuten in den Kühlschrank legen. • Den Schnittlauch waschen, trockenschleudern und in Röllchen schneiden. Den Quark mit dem Ei und dem Eigelb verrühren, mit dem Salz, dem Muskat und dem Pfeffer würzen, den Schnittlauch untermischen. • Den Backofen auf 200° vorheizen. Die Förmchen mit Butter ausstreichen. • Den Teig messerrückendünn ausrollen, die Förmchen damit auskleiden. Die Teigböden mehrmals mit einer Gabel einstechen und auf der unteren Schiene des Backofens 5 Minuten backen. Die Törtchen dann mit der Schnittlauchcreme füllen und auf der mittleren Schiene weitere 15 Minuten backen. • Die Törtchen als Vorspeise ofenwarm, sonst abgekühlt servieren.

Gefüllte Blätterteigteilchen

Mit tiefgefrorenem Blätterteig lassen sich die Teilchen relativ rasch herstellen

Kalbsbräthörnchen

im Bild links

Zutaten für 26 Hörnchen:
300 g tiefgefrorener Blätterteig
1 Zwiebel
½ Eßl. Butter
1 Cornichon
½ Bund Petersilie
40 g Gorgonzolakäse
200 g Kalbsbrät
je 1 Prise Salz und frisch geriebene Muskatnuß
1 Messerspitze weißer Pfeffer
½ Teel. abgeriebene ungespritzte Zitronenschale
2 Eigelb
2 Eßl. Milch

Gelingt leicht

Pro Hörnchen etwa:
460 kJ/110 kcal · 3 g Eiweiß
8 g Fett · 4 g Kohlenhydrate

Vorbereitungszeit: 1¼ Stunden
Backzeit: 20 Minuten

Den Blätterteig auftauen lassen. • Die Zwiebel schälen, hacken und in der Butter glasig braten. Das Cornichon würfeln. Die Petersilie waschen, trockenschleudern, hacken und mit der Zwiebel, dem Cornichon, dem zerbröckelten Gorgonzola und dem Kalbsbrät mischen. Die Farce mit dem Salz, dem Muskat, dem Pfeffer und der Zitronenschale abschmecken. • Den Blätterteig messerrückendünn ausrollen, 13 Quadrate von 10 cm Seitenlänge ausschneiden und diese diagonal halbieren. • Den Backofen auf 200° vorheizen. • Die Füllung auf die Dreiecke verteilen, diese aufrollen, zu Hörnchen biegen und auf ein kalt abgespültes Backblech legen. • Die Eigelbe mit der Milch verquirlen, die Hörnchen damit bestreichen und auf der mittleren Schiene in 20 Minuten goldgelb backen; warm oder kalt servieren.

Spinattäschchen

im Bild rechts

Zutaten für 22 Täschchen:
300 g tiefgefrorener Blätterteig
300 g Spinat
1 kleine Zwiebel
2 Eßl. Olivenöl
2 Knoblauchzehen
150 g griechischer Schafkäse
je ½ Teel. Salz und frisch gemahlener schwarzer Pfeffer
1 Teel. getrockneter Oregano
2 Eigelb

Spezialität aus Griechenland

Pro Täschchen etwa:
460 kJ/110 kcal · 4 g Eiweiß
9 g Fett · 5 g Kohlenhydrate

Vorbereitungszeit: 1 Stunde
Backzeit: 20 Minuten

Den Blätterteig auftauen lassen. • Den Spinat waschen, verlesen und dabei die Stiele kürzen. Die Zwiebel schälen und hacken. Das Öl in einem Topf erhitzen, die Zwiebel darin glasig braten. Den Knoblauch schälen und dazupressen. Den Spinat hinzufügen, 5 Minuten dünsten und in einem Sieb ausdrücken. • Den Schafkäse zerbröckeln und mit dem Salz, dem Pfeffer und dem Oregano unter den Spinat mischen. • Den Backofen auf 200° vorheizen. • Den Blätterteig messerrückendünn ausrollen, 22 Quadrate von 8 cm Seitenlänge ausschneiden, die Füllung darauf verteilen und die Teigstücke zu Dreiecken zusammenklappen, die Ränder mit einer Gabel festdrücken. • Die Täschchen auf ein kalt abgespültes Backblech setzen. Die Eigelbe mit 1 Eßlöffel Wasser verquirlen, die Spinattäschchen damit bepinseln und im Backofen auf der mittleren Schiene in 20 Minuten goldgelb backen; lauwarm servieren.

Blätterteigtaschen mit Tofufüllung

Eine gute Gelegenheit, Tofu, den Quark aus Sojabohnen, einmal zu probieren

Zutaten für 12 Taschen:
300 g tiefgefrorener Blätterteig
350 g Tofu
2 Frühlingszwiebeln
100 g Bambussprossen aus der Dose
1 Teel. Salz
¼ Teel. frisch gemahlener weißer Pfeffer
2 Eßl. dunkle Sojasauce
1 Eigelb · 2 Eßl. Milch
Für die Sauce:
2 Schalotten
2 Knoblauchzehen
2 Eßl. Öl
4 Eßl. Tomatenketchup
3 Eßl. dunkle Sojasauce
1 Teel. Zucker

Spezialität

Pro Tasche etwa:
710 kJ/170 kcal · 5 g Eiweiß
11 g Fett · 12 g Kohlenhydrate

Vorbereitungszeit: 45 Minuten
Backzeit: 25 Minuten

Den Blätterteig auftauen lassen. • Den Tofu kleinwürfeln. Die Frühlingszwiebeln waschen und hacken. Die Bambussprossen abtropfen lassen, in kleine Würfel schneiden und mit dem Tofu und den Zwiebeln mischen. Die Farce mit dem Salz, dem Pfeffer und der Sojasauce würzen. • Den Backofen auf 220° vorheizen. • Den Blätterteig dünn ausrollen und 12 Rechtecke von 15 × 12 cm Größe ausschneiden. Die Füllung darauf verteilen, etwas flach drücken, die Teigränder mit Wasser bepinseln, die Teigstücke zusammenklappen und die Ränder festdrücken. • Das Eigelb mit der Milch verquirlen. Die Taschen damit bepinseln, auf ein kalt abgespültes Backblech legen und im Backofen auf der mittleren Schiene in 25 Minuten goldgelb backen. • Die Schalotten und den Knoblauch schälen, hacken und in dem Öl glasig braten. Den Ketchup, die Sojasauce, 4 Eßlöffel Wasser und den Zucker unterrühren. Die Sauce aufkochen und 5 Minuten ziehen lassen. • Die Tofutaschen etwas abgekühlt mit der lauwarmen Sauce servieren.

Kleine Party-Pizzen

Ideal für gesellige Stunden, weil man sie ganz zwanglos ohne Besteck genießen kann

Zutaten für 20 Pizzen:
250 g abgetropfter Magerquark
1 Teel. Salz · 4 Eßl. Olivenöl
2 Eier · 500 g Weizenmehl
4 kleine Frühlingszwiebeln
1 Knoblauchzehe · 1 Eßl. Butter
1 Eßl. Crème fraîche
50 g Garnelen
1 Eßl. frisch geriebener mittelalter Goudakäse
je 1 Prise Salz und frisch gemahlener schwarzer Pfeffer
80 g Mozzarellakäse
20 Kirschtomaten
½ Bund Basilikum
je 1 Prise Salz und frisch gemahlener schwarzer Pfeffer
Für das Backblech: Backpapier

Gelingt leicht

Pro Pizza etwa:
630 kJ/150 kcal · 7 g Eiweiß
5 g Fett · 19 g Kohlenhydrate

Vorbereitungszeit: 1 Stunde
Backzeit pro Blech: 10 Minuten

Den Quark mit dem Salz, dem Öl und den Eiern verrühren und das Mehl löffelweise untermischen. Den Teig zu einer Kugel formen und in den Kühlschrank legen. • Die Frühlingszwiebeln waschen und in dünne Ringe schneiden. Den Knoblauch schälen. • Die Zwiebeln in der Butter 5 Minuten dünsten, den Knoblauch dazudrücken, die Crème fraîche untermischen und abkühlen lassen. Die Garnelen mit dem Gouda, dem Salz, dem Pfeffer und den Zwiebeln mischen. • Den Mozzarella in 10 Scheiben schneiden. Die Kirschtomaten waschen und halbieren. Das Basilikum waschen und die Blätter abzupfen. • Das Backblech mit Backpapier auslegen. Den Backofen auf 200° vorheizen. • Den Teig messerrückendünn ausrollen, 20 Kreise von 10 cm Durchmesser ausstechen und auf das Backblech legen. • 10 Kreise mit der Zwiebelmischung, 10 mit je 1 Scheibe Mozzarella und Basilikum belegen, salzen und pfeffern. • Die Tomatenhälften auf die Pizzen verteilen und diese auf der unteren Schiene 10 Minuten backen. • Die Pizzen frisch aus dem Ofen servieren.

Beliebtes Gebäck im Kleinformat

Immer richtig für Geselligkeiten, bei denen man etwas Besonderes bieten möchte

Windbeutelchen

im Bild links

Zutaten für 60 Windbeutelchen:
¼ l Wasser · 100 g Butter
je 1 Prise Salz und Selleriesalz
175 g Weizenmehl
3 Eier
400 g Kalbsleber
2 Eßl. Butter
3 Eßl. trockener Sherry
150 g weiche Butter
je ½ Teel. Salz und frisch
gemahlener weißer Pfeffer
3 Eßl. Schnittlauchröllchen
Für das Backblech: Backpapier

Etwas schwierig

Pro Windbeutelchen etwa:
250 kJ/60 kcal · 2 g Eiweiß
4 g Fett · 2 g Kohlenhydrate

Vorbereitungszeit: 1 Stunde
Backzeit pro Blech: 20 Minuten
Fertigstellung: 20 Minuten

Das Wasser mit der Butter, dem Salz und dem Selleriesalz aufkochen lassen. Das Mehl hineinschütten und rühren, bis sich der Teig zum Kloß formt. Den Teig in eine Schüssel füllen, abkühlen lassen und die Eier einzeln unterrühren. • Den Backofen auf 220° vorheizen. Das Backblech mit Backpapier auslegen. • Den Teig in einen Spritzbeutel mit kleiner Sterntülle füllen und 60 etwa kirschgroße Kugeln auf das Backblech spritzen. • Die Windbeutelchen auf der mittleren Schiene des Backofens in 20 Minuten goldgelb backen und abkühlen lassen. • Die Leber in dünne Streifen schneiden, in der heißen Butter anbraten, kleinwürfeln und im Mixer pürieren, mit dem Sherry, der Butter, dem Salz, dem Pfeffer und dem Schnittlauch mischen und im Kühlschrank fest werden lassen. • Die Windbeutelchen quer halbieren. Die Lebercreme in die unteren Hälften spritzen und die Deckelchen daraufsetzen.

Mini-Brioches

im Bild rechts

Zutaten für 20 Förmchen
von 4 cm Durchmesser:
250 g Weizenmehl
15 g Hefe
1 Teel. Zucker
6 Eßl. warme Milch
100 g Salami in Scheiben
3 Eßl. Schnittlauchröllchen
100 g Butter
2 Eier
1 Prise Salz
abgeriebene Schale
von 1 ungespritzten Zitrone
1 Eigelb · 2 Teel. Sahne
Für die Förmchen: Butter

Braucht etwas Zeit

Pro Brioche etwa:
585 kJ/140 kcal · 5 g Eiweiß
10 g Fett · 9 g Kohlenhydrate

Vorbereitungszeit: 1 Stunde
Ruhezeit: 1 Stunde
Backzeit: 15–20 Minuten

Das Mehl in eine Schüssel schütten, eine Mulde hineindrücken. Die Hefe hineinbröckeln, mit dem Zucker, der Milch und wenig Mehl verrühren und zugedeckt 20 Minuten gehen lassen. • Die Salami häuten, sehr klein würfeln und mit dem Schnittlauch mischen. Die Butter zerlassen, mit den Eiern, dem Salz, der Zitronenschale, der Salami, dem gesamten Mehl und dem Hefevorteig verkneten, bis der Teig Blasen wirft. Den Teig zugedeckt 40 Minuten gehen lassen. • Die Förmchen mit Butter ausstreichen. Den Backofen auf 220° vorheizen. • Den Hefeteig zu einer Rolle formen, in 20 Stükke teilen und diese in je 1 walnußgroße und 1 kirschgroße Kugel formen. • Die größeren Kugeln in die Förmchen setzen, eine Mulde hineindrücken und die kleineren Kugeln hineinsetzen. • Das Eigelb mit der Sahne verquirlen. Die Brioches damit bestreichen; 15 bis 20 Minuten backen.

Pizza, Quiche & Co.

Für liebe Gäste am Abend:
raffinierte Kreationen mit Gemüse,
Käse und Fleisch

Pizzen, die man kennt und mag

Für das Belegen einer Pizza darf man der Fantasie freies Spiel lassen

Pizza quattro stagioni

Pizza »Vier Jahreszeiten«
im Bild links

Zutaten für 2 Pizzen:
21 g Hefe · ½ Teel. Zucker
⅛ l lauwarmes Wasser
300 g Weizenmehl
6 Eßl. Olivenöl · ½ Teel. Salz
400 g Tomaten · 200 g Egerlinge
150 g gekochter Schinken ohne Fettrand · 50 g Salami
2 Peperoni · 4 Sardellenfilets
300 g Artischockenherzen aus dem Glas
je 1 Messerspitze weißer Pfeffer, getrockneter Rosmarin und Salz
100 g geriebener Parmesankäse
Für die Backbleche: Olivenöl

Spezialität aus Italien

Pro Pizza etwa: 6720 kJ/
1600 kcal · 86 g Eiweiß
79 g Fett · 130 g Kohlenhydrate

Vorbereitungszeit: 1 Stunde
Ruhezeit: 1 Stunde
Backzeit pro Pizza: 30 Minuten

Die Hefe mit dem Zucker und dem Wasser verrühren und 15 Minuten gehen lassen. • Das Mehl, 4 Eßlöffel Öl und das Salz mit dem Hefeansatz verkneten, zugedeckt 45 Minuten gehen lassen. • Die Tomaten häuten und in Scheiben, die geputzten Pilze blättrig, den Schinken und die Salami in Streifen, die Peperoni und die Sardellen in Würfel, die Artischocken in Stücke schneiden. • Den Backofen auf 220° vorheizen. 2 Backbleche mit Öl bestreichen. • Den Teig zu 2 Kreisen mit kleinem Rand formen, jeweils 4 Felder darauf markieren; auf die Bleche legen. • Die Tomaten, die Pilze, den Schinken mit den Peperoni und die Artischocken mit der Salami auf die Viertel verteilen, mit den Gewürzen, den Sardellen und dem Käse bestreuen, mit Öl beträufeln. Auf der mittleren Schiene 30 Minuten backen.

Pizza napoletana

im Bild rechts

Zutaten für 2 Pizzen:
21 g Hefe · ½ Teel. Zucker
⅛ l lauwarmes Wasser
300 g Weizenmehl
5 Eßl. Olivenöl
½ Teel. Salz
400 g Fleischtomaten
1 Zwiebel · 1 Knoblauchzehe
150 g Mozzarellakäse
4 Zweige Basilikum
20 schwarze Oliven
je ½ Teel. getrockneter Oregano, schwarzer Pfeffer und Salz
Für die Backbleche: Olivenöl

Spezialität aus Italien

Pro Pizza etwa: 4620 kJ/
1100 kcal · 36 g Eiweiß
52 g Fett · 120 g Kohlenhydrate

Vorbereitungszeit: 40 Minuten
Ruhezeit: 1 Stunde
Backzeit pro Pizza: 30 Minuten

Die Hefe mit dem Zucker und dem Wasser verrühren und 15 Minuten gehen lassen. • Den Hefeansatz mit dem Mehl, 3 Eßlöffeln Öl und dem Salz verkneten, den Teig zugedeckt 45 Minuten gehen lassen. • Die gewaschenen Tomaten in Scheiben, die geschälte Zwiebel in Ringe schneiden. Den Knoblauch schälen und feinhacken. Den Mozzarella würfeln. Die Basilikumblätter abzupfen. • Den Backofen auf 220° vorheizen. 2 Backbleche mit Öl bestreichen. • Den Teig noch einmal durchkneten, 2 Pizzen von 20 cm Durchmesser mit kleinem Rand daraus formen und auf die Bleche legen. • Die Tomaten, die Zwiebel und den Käse auf dem Teig anordnen, die Oliven, das Basilikum, den Knoblauch, die Gewürze und das Salz darüberstreuen und jede Pizza mit übrigem Öl beträufeln. • Die Pizzen auf der mittleren Schiene 30 Minuten backen.

Reichbelegte Vollkornpizza

Besonders aromatisch, wenn man die Kräuter der Provence frisch statt getrocknet zur Verfügung hat

Zutaten für 1 Backblech:
250 g gelbe Sojabohnen
je 150 g Dinkel und Weizenkörner · 42 g Hefe
1 Teel. Honig
⅛ l lauwarmes Wasser
1 Teel. Meersalz · 9 Eßl. Olivenöl
1 Bund Frühlingszwiebeln
je 1 gelbe, grüne und rote Paprikaschote
100 g schwarze Oliven
je 200 g Crème fraîche und Tomatenmark
1 Eßl. Provence-Kräutermischung
je ½ Teel. schwarzer Pfeffer und Paprikapulver, edelsüß
150 g geriebener Emmentaler Käse
Für das Backblech: Butter

Vollwertrezept
Braucht viel Zeit

Bei 20 Stücken pro Stück etwa:
1005 kJ/240 kcal · 10 g Eiweiß
15 g Fett · 15 g Kohlenhydrate

Quell- und Garzeit: 16 Stunden
Zubereitungszeit: 1 Stunde
Backzeit: 25 Minuten

Die Sojabohnen von Wasser bedeckt 14 Stunden quellen lassen. • Die Bohnen in frischem Wasser zugedeckt 2 Stunden kochen. • Das Getreide mahlen, die Hefe in die Mitte geben, mit dem Honig beträufeln, mit dem Wasser und etwas Mehl verrühren und zugedeckt 15 Minuten gehen lassen. • Das Salz mit 3 Eßlöffeln Öl, dem gesamten Mehl und dem Hefevorteig verkneten, den Teig zugedeckt 25 Minuten gehen lassen. • Die Zwiebeln und die Paprikaschoten putzen, die Zwiebeln in dünne Ringe, die Schoten in Streifen schneiden. Die Oliven entsteinen und grobhacken. • Die Crème fraîche mit dem Tomatenmark, 6 Eßlöffeln Wasser, dem übrigen Öl, den Kräutern und den Gewürzen verquirlen. • Den Teig auf einem gebutterten Blech ausrollen; zugedeckt 15 Minuten gehen lassen. • Den Backofen auf 200° vorheizen. • Die abgetropften Bohnen mit den Zwiebeln, den Schoten und den Oliven auf den Teig geben, darüber das Tomatenmark und den Käse. • Die Pizza 25 Minuten backen.

Pizzen mit Kartoffeln und Tomaten

Der Teig läßt sich jeweils nach Wunsch auch aus Vollkornmehl herstellen

Tomatenpizza

im Bild links

Zutaten für 2 Pizzen:
300 g Weizenmehl
½ Päckchen Trockenhefe
1 Teel. Salz · 8 Eßl. Olivenöl
etwa 0,15 l lauwarmes Wasser
1¼ kg Tomaten
2 Knoblauchzehen
je 1 Teel. getrockneter Oregano und Thymian · 1 Prise Zucker
½ Teel. schwarzer Pfeffer
2 Bund Frühlingszwiebeln
300 g Mozzarellakäse
75 g frisch geriebener Parmesankäse
Für die Backbleche: Butter

Gelingt leicht

Pro Pizza etwa: 6300 kJ/ 1500 kcal · 70 g Eiweiß 70 g Fett · 130 g Kohlenhydrate

Vorbereitungszeit: 40 Minuten
Ruhezeit: 1 Stunde
Backzeit pro Pizza: 30 Minuten

Das Mehl mit der Hefe, 1 kräftigen Prise Salz, 4 Eßlöffeln Öl und dem Wasser verkneten. Den Teig zugedeckt 1 Stunde gehen lassen. • Die Tomaten häuten, 4 in dünne Scheiben schneiden, die übrigen würfeln. • Den Knoblauch feinhacken, in 1 Eßlöffel Öl glasig braten. Die Tomatenwürfel, die Kräuter, ½ Teelöffel Salz, den Zucker und den Pfeffer hinzufügen, die Masse dickflüssig einkochen. • Die Zwiebeln putzen, waschen und in Ringe schneiden. Den Mozzarella würfeln. • 2 Backbleche mit Butter bestreichen. Den Backofen auf 200° vorheizen. • Den Teig halbieren, rund ausrollen, einen kleinen Rand formen. Die Pizzen mit der Tomatensauce bestreichen, mit den Tomatenscheiben und den Zwiebelringen belegen, mit 1 Prise Salz, dem Mozzarella und dem Parmesan bestreuen, das übrige Öl darüberträufeln. • Die Pizzen 30 Minuten backen.

Kartoffelpizza

im Bild rechts

Zutaten für 2 Pizzen:
300 g Weizenmehl
½ Päckchen Trockenhefe
1 Teel. Salz · 5 Eßl. Olivenöl
etwa 0,1 l lauwarmes Wasser
700 g festkochende Kartoffeln
200 g Champignons
2 dünne Stangen Lauch (Porree)
100 g frisch geriebener Parmesankäse
⅛ l Sahne
½ Teel. frisch gemahlener weißer Pfeffer
1 Eßl. Rosmarinnadeln
Für die Backbleche: Butter

Spezialität aus Süditalien

Pro Pizza etwa: 5790 kJ/ 1380 kcal · 52 g Eiweiß 52 g Fett · 178 g Kohlenhydrate

Vorbereitungszeit: 45 Minuten
Ruhezeit: 1 Stunde
Backzeit pro Pizza: 40 Minuten

Das Mehl mit der Hefe, 1 kräftigen Prise Salz, 2 Eßlöffeln Öl und dem Wasser verkneten. Den Teig zugedeckt 1 Stunde gehen lassen. • Die Kartoffeln schälen, in dünne Scheiben hobeln, in kochendem Salzwasser 2 Minuten blanchieren, kalt abschrecken und abtropfen lassen. • Die Pilze putzen und kleinwürfeln. • Den Lauch putzen, waschen und kleinschneiden. • Die Pilze mit dem Lauch, dem Käse und der Sahne verrühren, mit Salz und Pfeffer würzen. • Den Rosmarin waschen und hacken. • Den Backofen auf 200° vorheizen. 2 Backbleche mit Butter bestreichen. • Den Teig halbieren, rund ausrollen und einen kleinen Rand formen. Die Fladen mit der Pilzmasse bestreichen, dachziegelartig mit den Kartoffelscheiben belegen, mit Salz und dem Rosmarin bestreuen, mit dem übrigen Öl beträufeln. • Die Pizzen auf der mittleren Schiene 40 Minuten backen.

Focaccia con cece

Aus der italienischen Küche ein würziges Gebäck mit Kichererbsen, das gut zu herbem Wein schmeckt

Zutaten für 1 Backblech:
250 g Kichererbsen
300 g Dinkelkörner
200 g Weizenkörner
1 Würfel Hefe (42 g)
2 Teel. flüssiger Honig
3/8 l lauwarmes Wasser
2 Teel. Meersalz
50 g Butter
Für das Backblech: Butter

Vollwertrezept
Braucht viel Zeit

Bei 16 Stücken pro Stück etwa:
585 kJ/140 kcal · 5 g Eiweiß
4 g Fett · 21 g Kohlenhydrate

Quellzeit: 12 Stunden
Garzeit: 2 Stunden
Vorbereitungszeit: 45 Minuten
Ruhezeit: 50 Minuten
Backzeit: 30 Minuten

Die Kichererbsen in 1 l Wasser 12 Stunden quellen lassen. • Die Erbsen dann im Quellwasser in etwa 2 Stunden weichkochen. • Den Dinkel und den Weizen feinmahlen, in einer Schüssel mischen, eine Mulde hineindrükken, die Hefe hineinbröckeln, mit dem Honig beträufeln und warten, bis sich die Hefe aufgelöst hat. • Die Hefe mit etwas Mehl und dem Wasser verrühren und zugedeckt 15 Minuten gehen lassen. • Die weichen Erbsen abtropfen lassen und mit 1 Teelöffel Salz, dem Vorteig und dem gesamten Mehl verkneten. Den Teig noch einmal 20 Minuten gehen lassen. • Das Backblech mit Butter bestreichen. • Den Teig durchkneten, 30 x 30 cm groß ausrollen, auf das Backblech legen und zugedeckt gehen lassen, bis sich das Volumen des Teiges um ein Drittel vergrößert hat. • Den Backofen auf 200° vorheizen. • Den Teig mit dem übrigen Salz bestreuen, mit einem Kochlöffelstiel Löcher hineindrücken und die Butter in Flöckchen hineingeben. • Die Focaccia auf der mittleren Schiene des Backofens in 25 bis 30 Minuten goldbraun backen, mit kaltem Wasser besprühen und abgekühlt in 20 Stücke schneiden.

Focaccia mit Pinienkernen

Eine italienische Spezialität, die man am besten frisch, auch mit Butter bestrichen, genießt

Zutaten für 8 Fladen:
300 g Dinkelkörner
100 g Weizenkörner
1 Teel. getrockneter Rosmarin
2 Teel. getrocknetes Basilikum
1 Messerspitze frisch gemahlener schwarzer Pfeffer
1 Würfel Hefe (42 g)
2 Teel. flüssiger Honig
¼ l lauwarmes Wasser
5 Knoblauchzehen
6 Eßl. Olivenöl · 1 Teel. Meersalz
40 g Pinienkerne
Für die Backbleche: Butter

Vollwertrezept

Pro Fladen etwa:
1090 kJ/260 kcal · 7 g Eiweiß
10 g Fett · 34 g Kohlenhydrate

Vorbereitungszeit: 40 Minuten
Ruhezeit: 1 Stunde
Backzeit pro Blech:
20–25 Minuten

Den Dinkel und den Weizen feinmahlen, in einer Schüssel mit den zerriebenen Kräutern und dem Pfeffer mischen, eine Mulde in das Mehl drücken. Die Hefe hineinbröckeln, mit dem Honig beträufeln und warten, bis sie sich aufgelöst hat. • Das Wasser mit der Hefe und etwas Mehl verrühren und den Vorteig zugedeckt 15 Minuten gehen lassen. • Die Knoblauchzehen schälen, zerdrücken, in 5 Eßlöffeln Öl glasig braten, etwas abkühlen lassen und mit dem gesamten Mehl, dem Vorteig und dem Salz verkneten. Den Teig zugedeckt 20 Minuten gehen lassen. • Den Teig noch einmal durchkneten und dabei die Pinienkerne untermischen. • 2 Backbleche mit Butter bestreichen. • Den Teig zu 8 Kugeln formen, zu 12 cm großen Kreisen flach drücken, auf die Bleche legen, und zugedeckt gehen lassen, bis die Kreise ihr Volumen um ein Drittel vergrößert haben. • Den Backofen auf 200° vorheizen. • Die Fladen mit einer Gabel mehrmals einstechen, mit dem übrigen Öl beträufeln und auf der mittleren Schiene des Backofens in 20 bis 25 Minuten goldbraun backen. • Die Fladen mit Wasser besprühen; abkühlen lassen.

Pizzen mit Garnelen, Fisch und Gemüse

Ob in der kleinen Form für die Gästebewirtung oder groß für ein Abendessen – in jedem Fall reich belegt

Selleriepizza

im Bild links

Zutaten für 12 kleine Pizzen:
400 g Tomaten · 1 Zwiebel
2 Knoblauchzehen
2 Eßl. Olivenöl
1 gehäufter Teel. Salz
1 Teel. schwarzer Pfeffer
1 Bund Basilikum
250 g Magerquark · 2 Eier
5 Eßl. Olivenöl
500 g Weizenmehl
300 g Staudensellerie
3 Frühlingszwiebeln
200 g Schillerlocken
2 Eßl. Butter
5 Eßl. geriebener Parmesankäse
Für die Backbleche: Öl

Gelingt leicht

Pro Pizza etwa:
1300 kJ/310 kcal · 15 g Eiweiß
14 g Fett · 34 g Kohlenhydrate

Vorbereitungszeit: 1 Stunde
Backzeit pro Blech: 25 Minuten

Die Tomaten häuten und in Stücke schneiden. Die Zwiebel und den Knoblauch schälen, feinhacken und in dem Öl glasig braten. Die Tomaten, 1 Prise Salz und ½ Teelöffel Pfeffer hinzufügen; den Sugo 30 Minuten köcheln lassen. • Das Basilikum waschen, streifig schneiden und in den Sugo rühren. • Den abgetropften Quark mit dem übrigen Salz und Pfeffer, den Eiern und dem Öl mischen, das Mehl unterkneten; den Teig in den Kühlschrank legen. • Den Sellerie und die Zwiebeln putzen und mit den Schillerlocken in dünne Scheibchen schneiden. • Das Gemüse in der Butter 2 Minuten dünsten, mit den Schillerlocken mischen. • Den Backofen auf 200° vorheizen. • Den Teig in 12 Stücke teilen, zu kleinen Fladen formen und auf 2 geölte Backbleche legen. • Die Pizzen mit dem Sugo bestreichen, mit der Gemüsemischung belegen, mit dem Käse bestreuen; 25 Minuten backen.

Pizza capricciosa

im Bild rechts

Zutaten für für 2 Pizzen:
200 g Weizenmehl · 10 g Hefe
⅛ l lauwarmes Wasser
400 g Tomaten
2 Eßl. Tomatenmark
je 1 Messerspitze Salz und frisch gemahlener weißer Pfeffer
3 Eßl. Olivenöl
200 g Artischockenherzen aus dem Glas
100 g Mozzarellakäse
200 g Garnelen
½ Teel. getrockneter Oregano
Für die Backbleche: Öl

Spezialität aus Italien

Pro Pizza etwa:
2310 kJ/550 kcal · 39 g Eiweiß
18 g Fett · 53 g Kohlenhydrate

Zubereitungszeit: 1 Stunde
Ruhezeit: 1 Stunde
Backzeit pro Pizza:
20–25 Minuten

Das Mehl in eine Schüssel sieben, die Hefe in die Mitte bröckeln, mit etwas Mehl und dem Wasser verrühren und zugedeckt 15 Minuten gehen lassen. • Die Tomaten häuten, in Stücke schneiden und mit dem Tomatenmark, dem Salz und dem Pfeffer so lange kochen lassen, bis die Flüssigkeit verdampft ist. • Das gesamte Mehl mit dem Hefevorteig, 1 Prise Salz und 1 Eßlöffel Öl verkneten, den Teig zugedeckt 45 Minuten gehen lassen. • Die abgetropften Artischocken vierteln, den Käse würfeln. Die Garnelen abbrausen. • 2 Backbleche mit Öl bestreichen. Den Backofen auf 220° vorheizen. • Aus dem Hefeteig 2 Böden mit kleinem Rand formen. Die Fladen auf die Bleche legen. Die Tomaten, die Artischocken, die Garnelen und den Käse darauf verteilen, mit dem zerriebenen Oregano bestreuen. Das übrige Öl darüberträufeln. • Die Pizzen 20 bis 25 Minuten backen.

Pikante Tartes mit ungewohntem Akzent

Tarte ist das französische Wort für Torte, aber das Ergebnis ist von schlichterer Erscheinung

Mangotarte

im Bild links

Zutaten für 1 Pieform von
26 cm Durchmesser:
20 g Hefe · 1 Prise Zucker
150 g Vollmilchjoghurt
2 Eßl. Butterschmalz
250 g Weizenmehl
½ Teel. Salz
1 Eßl. Tomatenmark
3 Eßl. Mango-Chutney
1 reife Mango
5 Schalotten
1 Eßl. Sesam
Für die Form: Butter

Gelingt leicht

Bei 12 Stücken pro Stück etwa:
545 kJ/130 kcal · 3 g Eiweiß
3 g Fett · 21 g Kohlenhydrate

Vorbereitungszeit: 1 Stunde
Ruhezeit: 45 Minuten
Backzeit: 25 Minuten

Die Hefe mit dem Zucker in 2 Eßlöffeln warmem Wasser auflösen; 15 Minuten gehen lassen. • Den Joghurt erwärmen. Das Schmalz zerlassen, 1 Eßlöffel mit dem Joghurt, dem Hefeansatz, dem Mehl und dem Salz verkneten. • Den Teig zugedeckt an einem warmen Platz gehen lassen, bis sich sein Volumen verdoppelt hat. • Die Form mit Butter ausstreichen. Den Backofen auf 180° vorheizen. • Den Teig rund ausrollen, in die Form legen und mit dem übrigen Schmalz bepinseln. Das Tomatenmark mit dem Chutney verrühren und auf die Tarte streichen. • Die Mango schälen, das Fruchtfleisch in dünnen Spalten vom Stein schneiden und strahlenförmig auf der Tarte anordnen. • Die Schalotten schälen, in dünne Scheiben schneiden und zwischen die Mangospalten verteilen, den Sesam darüberstreuen. • Die Tarte auf der unteren Schiene 25 Minuten backen und heiß servieren.

Bretonische Muscheltarte

im Bild rechts

Zutaten für 1 Pieform von
26 cm Durchmesser:
250 g Weizenmehl
125 g Butter · 4 Eier
½ Teel. Salz
275 g naturell eingelegte Muscheln
2 Knoblauchzehen
2 Eßl. gehackte Petersilie
2 Eßl. Cognac · ¼ l Sahne
je 1 Messerspitze weißer Pfeffer und Cayennepfeffer
1 Teel. abgeriebene ungespritzte Zitronenschale
Für die Form: Butter

Spezialität aus Frankreich

Bei 12 Stücken pro Stück etwa:
1215 kJ/290 kcal · 9 g Eiweiß
20 g Fett · 16 g Kohlenhydrate

Vorbereitungszeit: 40 Minuten
Ruhezeit: 30 Minuten
Backzeit: 45 Minuten

Aus dem Mehl, der Butter, 1 Ei, 2 Eßlöffeln kaltem Wasser und 1 Prise Salz einen Teig kneten, in Alufolie wickeln und 30 Minuten kühl stellen. • Die Muscheln abtropfen lassen. • Den Knoblauch schälen und in eine Schüssel pressen. Die Petersilie, den Cognac, die Sahne und die übrigen Eier hinzufügen, kräftig verquirlen, mit 1 Prise Salz und den Gewürzen abschmecken; die Muscheln unterheben. • Den Backofen auf 200° vorheizen. Die Form mit Butter ausstreichen. • Den Teig ausrollen, in die Form legen, einen Rand formen und die Farce auf den Teig geben. • Die Tarte auf der mittleren Schiene des Backofens 45 Minuten backen; wenn die Oberfläche zu schnell bräunt, eventuell mit Alufolie abdecken.

Gefülltes Naan

Gefüllte Fladen von fruchtigem, leicht süßem Geschmack

Zutaten für 2 Fladen:
80 g getrocknete Aprikosen
80 g Rosinen
1 Eßl. Zuckerrohrgranulat
⅛ l Buttermilch
1 Würfel Hefe (42 g)
3 Eßl. Butterschmalz
2 Eier
550 g Weizenmehl
½ Teel. Salz
1 Teel. gemahlener Kardamom
150 g gemischte Nüsse
2 Eßl. Milch
Für die Backbleche: Butter

Spezialität aus Nordindien

Pro Fladen etwa: 8400 kJ/ 2000 kcal · 61 g Eiweiß 77 g Fett · 270 g Kohlenhydrate

Vorbereitungszeit: 30 Minuten
Einweichzeit: 12 Stunden
Ruhezeit: 1 Stunde
Backzeit pro Fladen: 25 Minuten

Die Aprikosen und die gewaschenen Rosinen knapp von warmem Wasser bedeckt 12 Stunden einweichen. • Den Rohrzucker mit der Buttermilch leicht erwärmen, die Hefe darin auflösen und 15 Minuten gehen lassen. • Das Schmalz zerlassen und 2 Eßlöffel davon mit den Eiern verquirlen. • Das Mehl mit dem Salz, dem Kardamom, der Eiermasse und dem Hefeansatz zu einem gut formbaren Teig verkneten; wenn nötig, noch etwas Einweichwasser der Früchte hinzufügen. Den Teig zugedeckt gehen lassen, bis er sein Volumen verdoppelt hat. • 2 Backbleche einfetten. Den Backofen auf 220° vorheizen. • Den Teig in 4 Portionen teilen, zu Fladen formen und 2 Fladen auf die Bleche legen. • Die Trockenfrüchte und die Nüsse grobhacken, mischen und auf die beiden Fladen verteilen. Die Teigränder mit Wasser bestreichen, die 2 übrigen Fladen darüberlegen, die Ränder zusammendrücken und mit einer Mischung aus restlichem Schmalz und der Milch bestreichen. • Die Fladen 15 Minuten auf der mittleren Schiene, anschließend noch 10 Minuten direkt auf dem Boden des Backofens backen.

Rustikal anmutende Pies

Die zarte Teigkruste ist das Typische einer Pie, auch wenn sie nur sehr dünn ist

Schäfer-Pie

im Bild links

Zutaten für 1 Pieform von
26 cm Durchmesser:
300 g tiefgefrorener Blätterteig
8 eingelegte Weinblätter
1 Stange Lauch (Porree)
1 Knoblauchzehe
200 g Schafkäse · 3 Eier
200 g Magerquark
100 g Mascarpone
1 Eßl. Kapern · ½ Teel. Salz
20 g Pinienkerne

Etwas teurer

Bei 12 Stücken pro Stück etwa:
1000 kJ/240 kcal · 11 g Eiweiß
17 g Fett · 11 g Kohlenhydrate

Vorbereitungszeit: 40 Minuten
Backzeit: 50 Minuten

Den Blätterteig auftauen lassen. • Die Weinblätter waschen und trockentupfen. Den Lauch putzen, waschen und in Streifen schneiden. Den Knoblauch schälen und feinwürfeln. • Die Blätterteigplatten aufeinander legen und ausrollen. Die Form damit auskleiden und die Weinblätter darauf verteilen. • Den Backofen auf 200° vorheizen. • Den Schafkäse durch ein Sieb streichen, mit den Eiern, dem Quark und dem Mascarpone cremig rühren, mit den Kapern, dem Salz, dem Knoblauch und dem Lauch mischen. • Die Masse auf die Weinblätter füllen und mit den Pinienkernen bestreuen. • Die Pie im Backofen auf der mittleren Schiene 50 Minuten backen; heiß oder lauwarm servieren.

Sauerkraut-Pie

im Bild rechts

Zutaten für 1 Pieform von
32 cm Durchmesser:
350 g mehligkochende Kartoffeln
100 g Butter · 200 g Buchweizen
30 g puderfeines Vollsojamehl
1 Teel. Meersalz
1 Teel. Weinstein-Backpulver
200 g durchwachsener Speck
4 Zwiebeln
4 Eßl. Sonnenblumenöl
1 kg frisches Sauerkraut
200 g saure Sahne
1 Messerspitze schwarzer Pfeffer
1 Teel. Paprikapulver, edelsüß
4 Lorbeerblätter
1 Eigelb
Für die Form: Butter

Vollwertrezept

Bei 16 Stücken pro Stück etwa:
1090 kJ/260 kcal · 6 g Eiweiß
19 g Fett · 17 g Kohlenhydrate

Vorbereitungszeit: 40 Minuten
Garzeit: 40 Minuten
Backzeit: 35–40 Minuten

Die Kartoffeln in der Schale weich kochen, pellen, durch die Presse drücken und mit der Butter mischen. • Den Buchweizen feinmahlen und mit dem Sojamehl, dem Salz und dem Backpulver unter den Kartoffelschnee kneten. • Den Speck und die Zwiebeln feinwürfeln. • Den Speck in dem Öl knusprig ausbraten, die Hälfte davon beiseite stellen und die Zwiebeln mit dem übrigen Speck goldgelb braten. • Das Sauerkraut etwas klein schneiden. • Die saure Sahne mit den Gewürzen verquirlen und mit der Zwiebel-Speck-Mischung unter das Sauerkraut mengen. • Die Form mit Butter ausstreichen, das Sauerkraut einfüllen und die Lorbeerblätter ins Kraut stecken. • Den Backofen auf 200° vorheizen. • Den Teig portionsweise ausrollen, in 4 cm breite Streifen schneiden und so auf das Kraut legen, daß es nicht völlig bedeckt ist. • Das Eigelb mit etwas Wasser verquirlen, den Teig damit bepinseln und die zurückbehaltenen Speckwürfel leicht daraufdrükken. • Die Pie auf der mittleren Schiene in 35 bis 40 Minuten goldbraun backen.

Herzhafte Kuchen mit Käse und mit Fleisch

Sie schmecken am besten heiß serviert, aber auch abgekühlt zu Wein

Roquefort-Tarte

im Bild links

Zutaten für 1 Pieform von 26 cm Durchmesser:
- 450 g tiefgefrorener Blätterteig
- 1 Zwiebel · 250 g Champignons
- 2 Eßl. Butter · 1 Knoblauchzehe
- 2 Frühlingszwiebeln
- 4 Eßl. trockener Weißwein
- 600 g kleine, mehligkochende Kartoffeln · 200 g Roquefortkäse
- je ½ Teel. Salz und frisch gemahlener schwarzer Pfeffer
- 1 Teel. getrockneter Thymian
- 1 Eigelb

Braucht etwas Zeit

Bei 8 Stücken pro Stück etwa: 1800 kJ/430 kcal · 12 g Eiweiß 28 g Fett · 32 g Kohlenhydrate

Vorbereitungszeit: 1 Stunde
Backzeit: 1¼ Stunden

Den Blätterteig auftauen lassen. • Die Zwiebel schälen und hacken. • Die Pilze putzen, blättrig schneiden und mit der Zwiebel in der Butter dünsten, bis die Flüssigkeit verdampft ist. • Den Knoblauch schälen und dazupressen. • Die Frühlingszwiebeln waschen, in Ringe schneiden, mit dem Wein unter die Pilzmasse mischen und 5 Minuten leicht kochen lassen. • Die Kartoffeln schälen, waschen und in Scheiben hobeln. • Den Roquefort zerbröckeln. • Den Backofen auf 180° vorheizen. • Zwei Drittel des Teiges ausrollen, die Form damit auskleiden, die Hälfte der Kartoffeln darauf verteilen, mit etwas Salz, Pfeffer und Thymian bestreuen. • Als nächste Schicht Pilze einfüllen und darauf Käse geben. So fortfahren, bis alle Zutaten verbraucht sind. Jede Schicht würzen. • Den übrigen Teig ausrollen, auf die Füllung legen, die Ränder zusammendrükken. • Die Tarte mit Eigelb bepinseln; 1¼ Stunden backen.

Maronenkuchen mit Filet

im Bild rechts

Zutaten für 1 Springform von 26 cm Durchmesser:
- 250 g Weizenmehl
- 125 g Butter
- 1 Ei · 1 Eßl. Milch
- 1 Teel. Salz · 300 g Schweinefilet
- 400 g kleine, mehligkochende Kartoffeln
- 300 g Maronenpüree aus der Dose
- 4 Eier
- 1 Teel. frisch gemahlener schwarzer Pfeffer
- 3 Eßl. Schnittlauchröllchen
- Für die Form: Butter

Spezialität aus Frankreich

Bei 12 Stücken pro Stück etwa: 1385 kJ/330 kcal · 14 g Eiweiß 17 g Fett · 31 g Kohlenhydrate

Vorbereitungszeit: 45 Minuten
Ruhezeit: 30 Minuten
Backzeit: 40 Minuten

Das Mehl, die Butter, das Ei, die Milch und 1 Prise Salz verkneten, den Teig zugedeckt 30 Minuten in den Kühlschrank legen. • Das Filet häuten, vom Fett befreien und in kleine Würfel schneiden. Die Kartoffeln schälen, waschen und in Scheiben hobeln. • Das Maronenpüree mit den Eiern verquirlen, mit dem übrigen Salz und dem Pfeffer kräftig würzen und mit dem Schnittlauch, den Kartoffelscheiben und den Fleischwürfeln vermengen. • Den Backofen auf 200° vorheizen. Die Form mit Butter ausstreichen. • Zwei Drittel des Teiges ausrollen, die Form und den Rand damit auslegen und die Maronenmischung hineinfüllen. • Den übrigen Teig in Größe der Form ausrollen, auf die Füllung legen und die Ränder zusammendrücken. • Den Kuchen 40 Minuten backen.

Orangen-Pilz-Quiche

Besonders reizvoll durch den zarten Bittergeschmack der Orangen

Zutaten für 1 Pieform von 26 cm Durchmesser:
- 500 g Champignons
- 200 g trockener Magerquark
- 200 g Weizenmehl
- 200 g kalte Butter
- 1 Prise Salz
- 1 Eigelb
- 1 Zwiebel
- 2 Eßl. Butter
- 100 g Kräuter-Frischkäse
- 2 Eier
- ½ Teel. Salz
- 1 Messerspitze frisch gemahlener weißer Pfeffer
- 2 ungespritzte Orangen
- Für die Form: Butter

Braucht etwas Zeit

Bei 12 Stücken pro Stück etwa: 1300 kJ/310 kcal · 10 g Eiweiß 23 g Fett · 15 g Kohlenhydrate

Vorbereitungszeit: 1 Stunde
Ruhezeit: 1 Stunde
Backzeit: 30 Minuten

Die Pilze putzen, waschen, durch den Fleischwolf drehen und offen stehen lassen, damit sie braun werden und ihr Aroma voll entfalten können. • Den Quark mit dem Mehl, der Butter in Flöckchen, dem Salz und dem Eigelb verkneten. Den Teig zugedeckt im Gemüsefach des Kühlschranks 1 Stunde ruhen lassen. • Den Backofen auf 200° vorheizen. Die Form mit Butter ausstreichen. • Den Teig ausrollen, die Form damit auskleiden. • Die Zwiebel schälen, feinwürfeln und in der Butter hellbraun braten. Die Pilze in einem feinmaschigen Sieb ausdrücken, zu den Zwiebelwürfeln geben und braten, bis die Feuchtigkeit verdampft ist. • Den Käse mit den Eiern, dem Pilzpüree, dem Salz und dem Pfeffer verrühren, die Masse auf den Teig streichen. • Die Orangen warm waschen, mit der Schale in hauchdünne Scheiben schneiden, die Quiche damit belegen, im Backofen auf der mittleren Schiene etwa 30 Minuten backen und heiß servieren.

Eier-Spinat-Quiche

Heiß, mit Sahne-Meerrettich-Sauce serviert, eine köstliche Mahlzeit

Zutaten für 1 Springform von 24 cm Durchmesser:
- 400 g Mehl · ½ Teel. Salz
- 250 g Butter · 1 kg Spinat
- 2 Schalotten · 1 Knoblauchzehe
- je ¼ Teel. Salz und Pfeffer
- 50 g Pinienkerne
- 4 hartgekochte Eier
- je ⅛ l Milch und Sahne
- 1 Eigelb · 1 Eßl. Mehl
- 2 Eßl. geriebener Parmesankäse
- 2 Eßl. Olivenöl
- Für die Form: Butter

Spezialität aus Italien

Bei 8 Stücken pro Stück etwa: 2895 kJ/690 kcal · 20 g Eiweiß 49 g Fett · 42 g Kohlenhydrate

Vorbereitungszeit: 1 Stunde
Ruhezeit: 30 Minuten
Backzeit: 1 Stunde

Das Mehl mit dem Salz, 200 g Butter und 8 Eßlöffeln eiskaltem Wasser verkneten. Den Teig zugedeckt 30 Minuten in den Kühlschrank legen. • Den Spinat verlesen, waschen, 2 Minuten blanchieren und gut ausdrücken. • Die Schalotten und den Knoblauch schälen und hakken. • 50 g Butter erhitzen. Den Spinat mit den Schalotten, dem Knoblauch, dem Salz und dem Pfeffer 10 Minuten darin dünsten. Die Pinienkerne untermischen. • Den Backofen auf 220° vorheizen. Die Form ausfetten. • Zwei Drittel des Teiges zu einem 32 cm großen Kreis ausrollen, die Form damit auskleiden und die Hälfte des Spinats einfüllen. Den übrigen Teig ausrollen. Die Eier halbieren, kreisförmig auf den Spinat legen, den übrigen Spinat darübergeben. • Die Milch mit der Sahne, dem Eigelb, dem Mehl und dem Käse verquirlen und darübergießen. • Die Teigdecke darauflegen, die Ränder zusammendrücken, in die Mitte ein 3 cm großes Loch schneiden. • Die Quiche mit dem Öl bepinseln und 1 Stunde backen.

Speck-Apfel-Kuchen

Ein herzhafter Imbiß mit leicht süßsaurer Note

Zutaten für 1 Springform von 26 cm Durchmesser:
- 200 g Weizenmehl
- 1 Messerspitze Backpulver
- 1 Prise Salz
- 1 Ei
- 50 g gemahlene Haselnüsse
- 100 g Butter
- 2 Bund Frühlingszwiebeln
- 600 g säuerliche Äpfel (Boskop)
- 100 g Crème fraîche
- 1 Teel. Zuckerrohrgranulat
- 120 g Frühstücksspeck in dünnen Scheiben
- Für die Form: Butter

Preiswert

Bei 12 Stücken pro Stück etwa: 1300 kJ/310 kcal · 5 g Eiweiß 23 g Fett · 20 g Kohlenhydrate

Vorbereitungszeit: 40 Minuten
Ruhezeit: 1 Stunde
Backzeit: 45 Minuten

Das Mehl mit dem Backpulver, dem Salz , dem Ei, den Nüssen und der Butter in Flöckchen verkneten. Den Teig zu einer Kugel formen und zugedeckt im Kühlschrank 1 Stunde ruhen lassen. • Die Frühlingszwiebeln putzen, waschen, längs halbieren und in 3 cm lange Stücke schneiden. • Die Äpfel schälen, halbieren, vom Kerngehäuse befreien und in Spalten schneiden. • Die Form mit Butter ausstreichen. Den Backofen auf 200° vorheizen. • Den Teig rund ausrollen, die Form damit auskleiden, einen Rand bilden. Die Teigkruste auf der mittleren Schiene des Backofens 15 Minuten vorbacken. • Die Crème fraîche dann auf den Teigboden streichen, die Apfelspalten im Wechsel mit den Zwiebelstücken auf den Teigboden schichten, mit dem Rohrzucker bestreuen und mit dem Speck belegen. • Den Kuchen in 30 Minuten fertig backen.

Quiches mit Pilzen und Gemüse

Saftige Füllungen in knuspriger Mürbeteigkruste

Wirsing-Tomaten-Quiche

im Bild links

Zutaten für 1 Springform von 28 cm Durchmesser:
- 250 g Weizen-Vollkornmehl
- 1 Teel. Salz · 4 Eier
- 125 g weiche Butter
- 400 g Tomaten
- 300 g Wirsing
- je 1 Bund Basilikum und Petersilie
- 0,2 l Sahne
- 125 g frisch geriebener Emmentaler-Käse
- je 1 Messerspitze Cayennepfeffer und frisch geriebene Muskatnuß

Gelingt leicht

Bei 12 Stücken pro Stück etwa: 1300 kJ/310 kcal · 11 g Eiweiß 22 g Fett · 16 g Kohlenhydrate

Vorbereitungszeit: 50 Minuten
Ruhezeit: 1 Stunde
Backzeit: 40 Minuten

Das Mehl mit 1 Prise Salz, 1 Ei, der Butter in Stückchen und 3 Eßlöffeln eiskaltem Wasser verkneten. Den Teig zu einem 36 cm großen Kreis ausrollen, die Form und den halben Rand damit auslegen und 1 Stunde in den Kühlschrank stellen. • Die Tomaten überbrühen, häuten und würfeln; dabei die Stielansätze ausschneiden. Den Wirsing waschen und in Streifen schneiden. Die Kräuter abbrausen, von den groben Stielen befreien und hakken. • Den Backofen auf 200° vorheizen. • Die Tomaten mit dem Wirsing und den Kräutern mischen und auf den Teigboden verteilen. • Die übrigen Eier mit der Sahne, dem Käse, dem restlichen Salz und den Gewürzen verquirlen und über das Gemüse gießen. Die Quiche auf der mittleren Schiene in etwa 40 Minuten goldbraun backen.

Champignon-Speck-Quiche

im Bild rechts

Zutaten für 1 Springform von 28 cm Durchmesser:
- 100 g Weizenmehl
- 150 g Buchweizenmehl
- 1 Teel. Salz · 4 Eier
- 125 g weiche Butter
- 150 g durchwachsener Speck
- 1 große Zwiebel
- 600 g Champignons
- 1 Eßl. Zitronensaft
- 1 Bund Schnittlauch
- 0,2 l Sahne
- 75 g frisch geriebener Bergkäse
- 1 Prise schwarzer Pfeffer

Preiswert • Gelingt leicht

Bei 12 Stücken pro Stück etwa: 1510 kJ/360 kcal · 11 g Eiweiß 28 g Fett · 17 g Kohlenhydrate

Vorbereitungszeit: 1 Stunde
Ruhezeit: 1 Stunde
Backzeit: 40 Minuten

Beide Mehlsorten mit 1 Prise Salz, 1 Ei, der in Stückchen geschnittenen Butter und 2 Eßlöffeln eiskaltem Wasser verkneten. • Den Teig zu einem 36 cm großen Kreis ausrollen, die Form und den halben Rand damit auslegen; 1 Stunde in den Kühlschrank stellen. • Den Speck kleinwürfeln. Die Zwiebel schälen und feinhacken. Die Pilze putzen, abbrausen, blättrig schneiden und mit dem Zitronensaft beträufeln. • Den Speck bei mittlerer Hitze ausbraten und die Zwiebel darin glasig braten. • Den Schnittlauch waschen, trockenschleudern und in Röllchen schneiden. • Den Backofen auf 200° vorheizen. • Die Pilze mit dem Speck und dem Schnittlauch mischen und auf den Teigboden geben. • Die restlichen Eier mit der Sahne, dem Käse, dem Pfeffer und dem übrigen Salz verquirlen und über die Pilze gießen. • Die Quiche 40 Minuten backen.

Zwiebelwähe

Aus der Vollwertküche eine Variante der Schweizer Spezialität

Zutaten für 1 Pieform von 28 cm Durchmesser:
200 g frisch gemahlener Dinkel
1 Eßl. puderfeines Vollsojamehl
½ Würfel Hefe (21 g)
1 Teel. Honig
0,1 l lauwarmes Wasser
100 g durchwachsener Speck
4 Eßl. Sonnenblumenöl
500 g Zwiebeln
½ Teel. Meersalz
4 Eier · 200 g saure Sahne
1 Teel. Kümmel
¼ Teel. Meersalz
2 Eßl. Schnittlauchröllchen
Für die Form: Butter

Vollwertrezept

Bei 12 Stücken pro Stück etwa:
920 kJ/220 kcal · 9 g Eiweiß
14 g Fett · 15 g Kohlenhydrate

Vorbereitungszeit: 1 Stunde
Ruhezeit: 45 Minuten
Backzeit: 50 Minuten

Die Mehlsorten mischen, die Hefe in die Mitte bröckeln, mit dem Honig beträufeln, die aufgelöste Hefe mit dem Wasser und etwas Mehl verrühren und zugedeckt 15 Minuten gehen lassen. • Den Speck würfeln und in dem Öl knusprig ausbraten. • Die Zwiebeln schälen, in Ringe schneiden und im Speckfett goldbraun braten. • Den Hefevorteig mit dem gesamten Mehl und dem Salz verkneten und zugedeckt 20 Minuten gehen lassen. • Die Form mit Butter ausstreichen. • Den Hefeteig noch einmal durchkneten, eventuell noch etwas Wasser oder Dinkelmehl unterarbeiten. • Den Teig ausrollen, die Form damit auskleiden, 10 Minuten zugedeckt gehen lassen. • Den Backofen auf 180° vorheizen. • Die Zwiebelmischung auf den Teigboden verteilen. Die Eier mit der sauren Sahne, dem Kümmel und dem Salz verquirlen, über die Zwiebeln gießen und die Wähe auf der mittleren Schiene etwa 50 Minuten backen. • Die Wähe mit dem Schnittlauch bestreuen und warm servieren.

Soja-Quiche

Statt mit Erbsen kann man die Füllung auch einmal mit gewürfelter Paprikaschote ergänzen

Zutaten für 1 Pieform von 28 cm Durchmesser:
- je 100 g gelbe Soja- und Azukibohnen
- 2 Lorbeerblätter
- 150 g Weizenkörner
- 50 g Dinkelkörner
- je 25 g Hirse und puderfeines Vollsojamehl
- 1 Teel. Weinstein-Backpulver
- je ½ Teel. Meersalz und getrocknetes Basilikum
- 2 Messerspitzen Currypulver
- 1 Ei
- 100 g Butter
- 100 g saure Sahne (10% Fettgehalt)
- 150 g gepalte Erbsen
- 3 Eier
- 150 g Crème fraîche
- ½ Teel. getrockneter Rosmarin
- Für die Form: Butter

Vollwertrezept

Bei 12 Stücken pro Stück etwa: 1385 kJ/330 kcal · 15 g Eiweiß 22 g Fett · 18 g Kohlenhydrate

Quell- und Garzeit: 14 Stunden
Vorbereitungszeit: 45 Minuten
Backzeit: 30 Minuten

Die Bohnen getrennt in jeweils ½ l Wasser 12 Stunden quellen lassen. • Die Bohnen im Quellwasser mit je 1 Lorbeerblatt getrennt garen; die Sojabohnen in 2 Stunden, die Azukibohnen in 1 Stunde. • Das Getreide mit der Hirse mahlen, mit dem Sojamehl, dem Backpulver, dem Salz, dem Basilikum und 1 Messerspitze Curry mischen und mit dem Ei, der Butter in Flöckchen und der sauren Sahne verkneten. • Die Form mit Butter ausstreichen. Den Backofen auf 180° vorheizen. • Den Teig ausrollen, Boden und Rand der Form damit auskleiden. • Die Bohnen abtropfen lassen, die Lorbeerblätter entfernen. Die Bohnen mit den Erbsen mischen und auf dem Teigboden verteilen. • Die Eier mit der Crème fraîche, dem übrigen Curry und dem Rosmarin verquirlen und über die Bohnen gießen. • Die Quiche auf der mittleren Schiene 30 Minuten backen.

Gemüsekuchen mit Käsesauce

Blumenkohl, Broccoli, Fenchel und Tomaten auf lockerem Quark-Öl-Teig

Zutaten für 1 Backblech:
Zum Belegen und Begießen:
1 kleiner Kopf Blumenkohl (500 g)
300 g Broccoli
1 Knolle Fenchel
5 Tomaten
¼ l Fleischbrühe
1 kleine Knoblauchzehe
150 g Emmentaler-Käse
4 Eßl. Butter · 4 Eßl. Mehl
¼ l Milch
125 g Crème fraîche
je 1 Prise Salz, frisch gemahlener weißer Pfeffer und frisch geriebene Muskatnuß
4 Eßl. Walnußkerne
Für den Teig:
150 g Magerquark
5 Eßl. Milch
6 Eßl. Öl · 1 Eigelb
1 Teel. Salz
300 g Weizenmehl
3 Teel. Backpulver
Für das Backblech: Butter

Gelingt leicht • Preiswert

Bei 12 Stücken pro Stück etwa: 1425 kJ/340 kcal · 14 g Eiweiß 21 g Fett · 27 g Kohlenhydrate

Vorbereitungszeit: 1 Stunde
Backzeit: 50–55 Minuten

Den Blumenkohl von den grünen Blättern befreien, waschen und in Röschen teilen. Den Broccoli waschen, die Stiele abschneiden, schälen und in Scheibchen schneiden. Die Röschen zerpflücken. Vom Fenchel den Stielansatz und die harten Rippen der äußeren Blätter entfernen, das Fenchelgrün waschen, kleinschneiden und beiseite stellen. Die Fenchelknolle waschen, halbieren und in dünne Scheiben schneiden. • Die Tomaten waschen, abtrocknen, achteln und dabei die Stielansätze entfernen. • Die Fleischbrühe erhitzen. Die Blumenkohlröschen, den Broccoli und die Fenchelscheiben in der Fleischbrühe 10 Minuten leicht kochen und abtropfen lassen, die Brühe aufbewahren. • Den Knoblauch schälen. Den Käse reiben. • Die Butter zerlassen, den Knoblauch durch die Presse in die Butter drücken und kurz anbraten. Das Mehl hinzufügen und hellgelb werden lassen, nach und nach mit der Fleischbrühe und der Milch aufgießen. Die Sauce unter Umrühren einige Minuten kochen lassen. • Die Crème fraîche und den Käse in die Sauce rühren. Die Käsesauce mit dem Salz, dem Pfeffer und dem Muskat abschmecken und das Fenchelgrün untermischen. • Die Walnüsse hacken. • Für den Teig den abgetropften Quark, die Milch, das Öl, das Eigelb, das Salz und die Hälfte des Mehls verrühren. Das restliche Mehl mit dem Backpulver mischen und unterkneten. • Das Backblech mit Butter ausstreichen. • Den Teig auf dem Blech ausrollen und rundherum einen Rand formen. • Das Gemüse gefällig auf dem Teig verteilen, die Sauce darübergießen, alles mit den Nüssen bestreuen. • Den Gemüsekuchen auf die mittlere Schiene des kalten Backofens schieben und bei 200° in 50 bis 55 Minuten goldgelb backen, nach 40 Minuten die Temperatur auf 180° reduzieren. • Den Gemüsekuchen warm servieren.

Unser Tip: Die Auswahl des Gemüses richtet sich in jedem Fall nach dem Marktangebot. Man sollte aber Gemüsearten wählen, die geschmacklich gut miteinander harmonieren und farbliche Kontraste ergeben.

Rote-Bete-Quiche

Dezent im Geschmack mit Dill und Sahneguß

Zutaten für 1 Quicheform von 28 cm Durchmesser:

- 500 g kleine rote Beten
- 125 g Weizenmehl
- 125 g Buchweizenmehl
- 1 Ei · 1 Prise Salz
- 100 g kalte Butter · 1 Bund Dill
- 100 g Walnußkerne
- 200 g saure Sahne (10 % Fettgehalt)
- 150 g Crème fraîche
- 3 Eier · ½ Teel. Salz
- ¼ Teel. weißer Pfeffer
- Für die Form: Öl

Braucht etwas Zeit

Bei 12 Stücken pro Stück etwa: 1385 kJ/330 kcal · 9 g Eiweiß 23 g Fett · 22 g Kohlenhydrate

Garzeit: 1 Stunde
Vorbereitungszeit: 45 Minuten
Ruhezeit: 1 Stunde
Backzeit: 1 Stunde

Die roten Beten unter fließendem Wasser bürsten, von Wasser bedeckt in etwa 1 Stunde nicht zu weich kochen, abtropfen und abkühlen lassen. • Beide Mehlsorten mischen, mit dem Ei, dem Salz und der Butter in Flöckchen verkneten. • Den Teig im Kühlschrank zugedeckt 1 Stunde ruhen lassen. • Die roten Beten schälen und kleinwürfeln. • Den Backofen auf 200° vorheizen. Die Form mit Öl auspinseln. • Den Teig zu einem Kreis ausrollen, die Form damit auskleiden, mehrmals mit einer Gabel einstechen und auf der mittleren Schiene des Backofens 15 Minuten vorbacken. • Den Dill waschen, trockenschleudern und mit den Nüssen hacken. • Die saure Sahne mit der Crème fraîche, den Eiern, dem Salz und dem Pfeffer cremig rühren. • Den Dill, die roten Beten und die Nüsse in die vorgebackene Teigkruste streuen, und die Sahnemischung darübergießen. • Die Quiche auf der oberen Schiene des Backofens 45 Minuten backen.

Safranreis-Quiche

Warm oder kalt serviert zu Wein eine Köstlichkeit

Zutaten für 1 Quicheform von 28 cm Durchmesser:

Zum Füllen:

- 250 g Avorio-Reis
- 3 Eßl. Butter
- 1 Döschen Safranpulver
- ¼ l Sahne
- ¼ l Hühnerbrühe
- 40 g grüne Kürbiskerne
- ⅛ l Weißwein · 1 Teel. Salz
- ¼ Teel. geriebene Muskatnuß
- 2 Eier

Für den Teig:

- 50 g Mohn
- 5 Eßl. Weißwein
- 200 g Mehl · 1 Eigelb
- ½ Teel. Salz · 100 g Butter
- Für die Form: Butter

Etwas teurer

Bei 12 Stücken pro Stück etwa: 1425 kJ/340 kcal · 9 g Eiweiß 22 g Fett · 30 g Kohlenhydrate

Vorbereitungszeit: 45 Minuten
Backzeit: 30 Minuten

Den Reis in der Butter anbraten. • Das Safranpulver in 1 Eßlöffel warmem Wasser anrühren und in der Sahne auflösen. • Den Reis mit der Safransahne und der Hühnerbrühe aufgießen und zugedeckt 25 Minuten quellen lassen. • Die Kürbiskerne, den Wein, das Salz und den Muskat hinzufügen und den Reis im offenen Topf ausdämpfen lassen, dabei öfters umrühren. Den Reis abkühlen lassen. • Den Mohn mit dem Wein im Mixer pürieren, mit dem Mehl, dem Eigelb, dem Salz und der Butter zu einem festen Mürbeteig verkneten. • Den Backofen auf 200° vorheizen. Die Form mit Butter ausstreichen. • Den Teig ausrollen, die Form damit auskleiden. Den Boden mehrmals mit einer Gabel einstechen. Die Reismasse einfüllen und glattstreichen. Die Eier verquirlen, auf dem Reis verteilen. • Die Quiche auf der mittleren Schiene etwa 30 Minuten backen.

Paprikatarte à la Pipirrana

Die Tarte ist einer spanischen Spezialität nachempfunden

Zutaten für 1 Springform von 28 cm Durchmesser:
- 125 g Butter
- 250 g Weizenmehl
- 3 Eier
- 1 Prise Salz
- 1 große Zwiebel
- je 2 gelbe und rote Paprikaschoten
- 150 g Zucchini
- 2 Eßl. Olivenöl
- je ½ Teel. Salz, schwarzer Pfeffer und Paprikapulver, edelsüß
- 1 Prise Paprikapulver, scharf
- 1 Bund glatte Petersilie
- 100 g frisch geriebener Emmentaler Käse
- Für die Form: Olivenöl

Preiswert • Gelingt leicht

Bei 12 Stücken pro Stück etwa:
1005 kJ/240 kcal · 9 g Eiweiß
16 g Fett · 18 g Kohlenhydrate

Vorbereitungszeit: 50 Minuten
Ruhezeit: 30 Minuten
Backzeit: 35–40 Minuten

Die Butter in Flöckchen mit dem Mehl, 1 Ei, 2 Eßlöffeln kaltem Wasser und dem Salz rasch verkneten. Den Teig 30 Minuten im Kühlschrank ruhen lassen. • Die Zwiebel schälen und feinhacken. Die Paprikaschoten waschen, putzen und kleinwürfeln. Die Zucchini waschen, abtrocknen und grobraspeln. • Das Öl erhitzen, die Zwiebel darin glasig braten, die Paprikawürfel 5 Minuten mitbraten und die Zucchiniraspel untermischen, mit dem Salz und den Gewürzen abschmecken; abkühlen lassen. • Die Form mit Öl ausstreichen. Den Backofen auf 200° vorheizen. • Den Teig ausrollen, die Form damit auskleiden und den Boden mit einer Gabel mehrmals einstechen. • Die Petersilie waschen, trockenschleudern und grobhacken. • Die übrigen Eier mit dem Käse verquirlen, mit der Petersilie unter das Gemüse mischen und in die Form füllen. • Die Tarte auf der unteren Schiene 35 bis 40 Minuten backen.

Auberginenwähe mit Schinken

Ein ländliches Gebäck, zu dem herber Landwein paßt

Zutaten für 1 Springform von 26 cm Durchmesser:
- 250 g Weizenmehl
- 21 g Hefe · ½ Teel. Zucker
- gut ⅛ l lauwarme Milch
- 600 g Auberginen · 1 Eßl. Salz
- 40 g Butter · 1 Prise Salz
- 200 g roher Schinken
- 50 g entsteinte schwarze Oliven
- 2 Eßl. Öl · 3 Eier · 0,1 l Sahne
- je 1 Prise Pfeffer und Muskatnuß
- 8 Basilikumblätter
- Für die Form: Öl

Gelingt leicht

Bei 12 Stücken pro Stück etwa:
1090 kJ/260 kcal · 10 g Eiweiß
18 g Fett · 18 g Kohlenhydrate

Vorbereitungszeit: 1 Stunde
Ruhezeit: 1½ Stunden
Backzeit: 45 Minuten

In das Mehl eine Mulde drükken, die Hefe hineinbröckeln, mit dem Zucker bestreuen und mit etwas Milch verrühren. Den Hefeansatz zugedeckt 15 Minuten an einem warmen Platz gehen lassen. • Die Auberginen waschen, in Scheiben schneiden, mit dem Salz bestreuen und 15 Minuten ziehen lassen. • Die Butter in der übrigen Milch zerlassen und mit dem Salz, dem gesamten Mehl und dem Hefeansatz verkneten. Den Teig zugedeckt 45 Minuten gehen lassen. • Den Schinken in Streifen, die Oliven in Scheiben schneiden. Die Auberginen abbrausen und trockentupfen. • Die Auberginen im Öl anbraten, den Schinken und die Oliven kurz mitbraten und abkühlen lassen. • Die Form mit Öl ausstreichen. • Den Teig durchkneten, ausrollen, die Form damit auskleiden; 30 Minuten gehen lassen. • Den Backofen auf 200° vorheizen. • Die Eier mit der Sahne und den Gewürzen verquirlen. • Das Gemüse und das Basilikum auf den Teig geben, die Eiersahne darübergießen. • 45 Minuten backen.

Gemüse-Hackfleisch-Wähe

Ein herzhafter Genuß mit südlichem Einschlag

Zutaten für 1 Springform von 26 cm Durchmesser:
- 125 g Weizenmehl
- 75 g Speisestärke
- 125 g kalte Butter · 1 Eigelb
- je 1 Prise Salz und Muskatnuß
- 1 große Zwiebel
- 2 Eßl. Olivenöl
- 150 g Rinderhackfleisch
- je 150 g Aubergine und Zucchini
- 1 kleine Fleischtomate
- 3 Knoblauchzehen
- je 1 Teel. Salz, schwarzer Pfeffer und Provence-Kräutermischung
- 1 Eiweiß · 4 Eier
- 250 g griechischer Sahnejoghurt
- Für die Form: Olivenöl

Braucht etwas Zeit

Bei 12 Stücken pro Stück etwa:
1090 kJ/260 kcal · 11 g Eiweiß
18 g Fett · 17 g Kohlenhydrate

Vorbereitungszeit: 1 Stunde
Ruhezeit: 45 Minuten
Backzeit: 30 Minuten

Das Mehl mit der Speisestärke, der Butter, dem Eigelb, 3 Eßlöffeln kaltem Wasser, dem Salz und dem Muskat verkneten. Den Teig 45 Minuten kühl stellen. • Die Zwiebel schälen, feinhacken und in dem Öl glasig braten. Das Hackfleisch darin braten, bis es grau ist, dann aus der Pfanne nehmen. • Die Aubergine und den Zucchino in ½ cm große Würfel schneiden und im verbliebenen Öl 5 Minuten braten. Die Tomate häuten, grob zerschneiden und untermischen. Den Knoblauch zum Gemüse pressen, dieses mit dem Salz, dem Pfeffer und den Kräutern würzen und braten, bis die Flüssigkeit verdampft ist. • Den Backofen auf 200° vorheizen. • Das Gemüse mit dem Hackfleisch mischen und abkühlen lassen. • Den Teig ausrollen; die gefettete Form damit auskleiden. • Das Eiweiß, die Eier und den Joghurt unter das Gemüse mengen, in die Form füllen; 30 Minuten backen.

Fantasievolle Party-Kuchen

Mit diesem aparten Gebäck kann man seine Gäste überraschen

Maiskuchen mit Frühlingszwiebeln

im Bild unten

Zutaten für 1 Pieform von 28 cm Durchmesser:
- 200 g Weizenmehl
- 100 g Maismehl
- je 1 Teel. Backpulver und Trockenhefe
- ⅛ l lauwarmes Wasser
- 3 Eßl. Zitronensaft
- 4 Eßl. Butterschmalz
- ½ Teel. Salz
- ½ Teel. Zuckerrohrgranulat
- 150 g Maiskörner aus der Dose
- 2 Bund Frühlingszwiebeln
- 125 g gekochter Schinken
- 200 g Pyrenäenkäse
- Für das Backblech: Butter

Gelingt leicht

Bei 12 Stücken pro Stück etwa:
920 kJ/220 kcal · 10 g Eiweiß
10 g Fett · 21 g Kohlenhydrate

Vorbereitungszeit: 40 Minuten
Ruhezeit: 1 Stunde
Backzeit: 30 Minuten

Beide Mehlsorten mit dem Backpulver und der Hefe mischen und mit dem Wasser, dem Zitronensaft, 2 Eßlöffeln zerlassenem Butterschmalz, dem Salz und dem Zuckerrohrgranulat verkneten. Den Teig zugedeckt an einem warmen Platz gehen lassen, bis sich sein Volumen verdoppelt hat; das dauert etwa 1 Stunde. • Die Form mit Butter ausstreichen. • Den Teig durchkneten, dabei die Maiskörner unterarbeiten, rund ausrollen und die Form damit auskleiden. • Den Backofen auf 200° vorheizen. • Die Frühlingszwiebeln von Wurzelansatz und Blattenden befreien, im restlichen Butterschmalz unter Umwenden 4 Minuten braten, längs halbieren und auf dem Teigboden verteilen. • Den Schinken und den Käse in Streifen schneiden und zwischen den Zwiebeln anordnen. • Den Kuchen auf der unteren Schiene des Backofens 30 Minuten backen.

Käse-Schichttorte

im Bild oben

Zutaten für 1 Springform von 26 cm Durchmesser:
- 250 g weiche Butter
- 100 g frisch geriebener Parmesankäse
- 4 Eier
- 350 g Weizenmehl
- je ½ Teel. Salz und Paprikapulver, edelsüß
- 2 Teel. Backpulver
- 250 g Kräuter-Frischkäse
- 250 g Mascarpone
- 1 Bund Schnittlauch
- Für die Form: Butter

Etwas schwierig

Bei 12 Stücken pro Stück etwa:
2010 kJ/480 kcal · 15 g Eiweiß
37 g Fett · 21 g Kohlenhydrate

Zubereitungszeit: 2 Stunden

Den Backofen auf 200° vorheizen. Die Form mit Butter ausstreichen. • Die Butter mit dem Käse verkneten. Nach und nach die Eier unterarbeiten. Das Mehl mit dem Salz, dem Paprikapulver und dem Backpulver mischen und unter die Eier-Käse-Masse mengen. • Den Teig in 5 Stücke teilen, jede Teigportion auf dem Boden der Springform flach drücken und auf der mittleren Schiene des Backofens in etwa 7 Minuten goldgelb backen. • Die Böden abkühlen lassen. • Den Kräuter-Frischkäse mit dem Mascarpone cremig rühren. Die Tortenplatten damit bestreichen und aufeinandersetzen. • Die Torte mit restlicher Käsecreme rundherum bestreichen. • Den Schnittlauch waschen, trockenschleudern und in Röllchen schneiden. Die Käsetorte damit bestreuen.

Lachs-Quiche

Für liebe Gäste vom Feinsten, warm oder kalt zu servieren

Zutaten für 1 Springform von 26 cm Durchmesser:
- 200 g Weizenmehl
- 100 g Butter
- 1 Ei · 2 Eßl. Milch
- 1 Prise Salz
- 300 g geräucherter Lachs in dünnen Scheiben
- 750 g Lauch (Porree)
- 2 Eßl. Butter
- 4 Eier · 6 Eßl. Crème fraîche
- je ½ Teel. Salz und frisch gemahlener weißer Pfeffer
- 1 Prise Muskatnuß
- 1 Teel. Zitronensaft
- Für die Form: Butter

Etwas teurer

Bei 12 Stücken pro Stück etwa:
1385 kJ/330 kcal · 14 g Eiweiß
18 g Fett · 15 g Kohlenhydrate

Vorbereitungszeit: 40 Minuten
Ruhezeit: 30 Minuten
Backzeit: 30–35 Minuten

Aus dem Mehl, der Butter, dem Ei, der Milch und dem Salz einen geschmeidigen Teig kneten. Den Teig in Alufolie wickeln und 30 Minuten in den Kühlschrank legen. • Den Lachs in Streifen schneiden. • Die Lauchstangen vom Wurzelansatz und den dunkelgrünen Blattenden befreien, längs aufschneiden, gründlich waschen und in breite Ringe schneiden. Den Lauch in der erhitzten Butter 6 Minuten dünsten, vom Herd nehmen und abkühlen lassen. • Die Eier mit der Crème fraîche verquirlen, den Lauch und den Lachs untermengen, mit dem Salz, dem Pfeffer, dem Muskat und dem Zitronensaft würzen. • Den Backofen auf 200° vorheizen. Die Form mit Butter ausstreichen. • Den Teig in Größe der Form ausrollen, diese damit auslegen und einen Rand formen. Die Gemüsemischung einfüllen. • Die Quiche in 30 bis 35 Minuten goldgelb backen.

Mangold-Quiche

Auch sie schmeckt warm so delikat wie kalt serviert

Zutaten für 1 Springform von 26 cm Durchmesser:
- 150 g Weizenmehl
- 100 g Butter
- 150 g trockener Magerquark
- 1 Prise Salz · 750 g Mangold
- 2 Schalotten · 1 Eßl. Butter
- 200 g Garnelen
- je ½ Teel. Salz und frisch gemahlener weißer Pfeffer
- 1 Prise Muskatnuß
- ½ Teel. abgeriebene Zitronenschale
- etwas Zitronensaft
- ⅛ l Sahne · 3 Eier
- 3 Eßl. geriebener Parmesankäse
- Für die Form: Butter

Etwas teurer

Bei 12 Stücken pro Stück etwa:
840 kJ/200 kcal · 8 g Eiweiß
14 g Fett · 11 g Kohlenhydrate

Vorbereitungszeit: 40 Minuten
Ruhezeit: 30 Minuten
Backzeit: 35 Minuten

Das Mehl mit der Butter, dem Quark und dem Salz verkneten. Den Teig zugedeckt 30 Minuten kühl stellen. • Den Mangold waschen, abtropfen lassen, die Blätter von den Stielen trennen und beides in 1 cm breite Streifen schneiden. Die Blätter 5 Sekunden in kochendes Salzwasser tauchen, kalt abschrecken und abtropfen lassen. Die Stiele 1 Minute blanchieren. • Die Schalotten schälen, hacken, in der Butter glasig braten. Die Mangoldstiele 3 Minuten mitbraten; mit den Garnelen und den Mangoldblättern mischen, mit dem Salz und den Gewürzen abschmecken. • Den Backofen auf 200° vorheizen. • Den Teig ausrollen, die gebutterte Form damit auskleiden, einen 4 cm hohen Rand formen. Den Teigboden 10 Minuten vorbacken. • Die Sahne mit den Eiern und dem Parmesan verquirlen. Die Füllung auf den Teigboden geben, mit der Eiersahne übergießen. • 35 Minuten backen.

Austernpilzkuchen

Am besten schmeckt er ganz frisch, heiß aus dem Ofen

Zutaten für 1 Springform
von 26 cm Durchmesser:
250 g Weizenmehl
125 g Butter
1 Ei · 1 Prise Salz
1 Zwiebel · 600 g Austernpilze
2 Eßl. Olivenöl
200 g gekochter Schinken
2 Bund Schnittlauch
je ½ Teel. Salz und frisch
gemahlener schwarzer Pfeffer
1 Prise frisch geriebene
Muskatnuß
1 Messerspitze Cayennepfeffer
½ Teel. getrockneter Oregano
3 Eier · 150 g Crème fraîche
100 g frisch geriebener
Emmentaler Käse
Für die Form: Butter

Gelingt leicht

Bei 12 Stücken pro Stück etwa:
1340 kJ/320 kcal · 14 g Eiweiß
23 g Fett · 16 g Kohlenhydrate

Vorbereitungszeit: 1 Stunde
Ruhezeit: 30 Minuten
Backzeit: 40 Minuten

Aus dem Mehl, der Butter, dem Ei und dem Salz einen geschmeidigen Teig kneten und diesen 30 Minuten in den Kühlschrank legen. • Die Zwiebel schälen und feinhacken. • Die Pilze von harten Stellen befreien, abreiben und in schmale Streifen schneiden. • Die Zwiebel im Öl glasig braten, die Pilze hinzufügen, 8 Minuten mitbraten und abkühlen lassen. • Den Schinken in Streifen schneiden und mit den Pilzen mischen. Den Schnittlauch waschen, trockenschleudern, kleinschneiden, 2 Eßlöffel beiseite stellen, den Rest unter die Pilze mengen. Die Mischung mit dem Salz und den Gewürzen abschmecken. • Die Eier mit der Crème fraîche und dem Käse verquirlen. • Den Backofen auf 200° vorheizen. Die Form mit Butter ausstreichen. • Den Teig ausrollen, die Form damit auskleiden, einen 3 cm hohen Rand formen. • Die Pilze in die Form füllen, die Eiersahne darübergießen und den Kuchen 40 Minuten bakken; mit dem übrigen Schnittlauch bestreut servieren.

Patchwork-Kuchen

Eine lustige Idee, den Kuchen portionsweise mit verschiedenem Gemüse zu belegen

Zutaten für 1 Backblech:
400 g Weizenmehl
25 g Hefe
½ Teel. Zucker
⅛ l lauwarmes Wasser
1 Ei · Eßl. Öl
1 Teel. Salz
4 Eßl. Tomatenmark
2 Teel. getrockneter Oregano
1 Eßl. Öl
½ Teel. Salz
1 Messerspitze frisch gemahlener schwarzer Pfeffer
je 2 gelbe und grüne Paprikaschoten
4 Tomaten
100 g schwarze Oliven
200 g Champignons
16 Sardellenfilets
100 g frisch geriebener Emmentaler Käse
4 Eßl. Olivenöl
Für das Backblech: Olivenöl

Braucht etwas Zeit
Preiswert

Bei 16 Stücken pro Stück etwa: 920 kJ/220 kcal · 11 g Eiweiß 10 g Fett · 21 g Kohlenhydrate

Vorbereitungszeit: 1½ Stunden
Ruhezeit: 1¼ Stunden
Backzeit: 35 Minuten

Das Mehl in eine Schüssel schütten, in die Mitte eine Mulde drücken. Die Hefe hineinbröckeln, mit dem Zucker, etwas Wasser und wenig Mehl verrühren. Den Vorteig zugedeckt an einem warmen Platz 20 Minuten gehen lassen. • Den Hefevorteig mit dem gesamten Mehl, dem restlichen Wasser, dem Ei, dem Öl und dem Salz verkneten und schlagen, bis der Teig Blasen wirft und sich vom Schüsselrand löst. Den Hefeteig zugedeckt gehen lassen, bis er sein Volumen verdoppelt hat; das dauert ungefähr 45 Minuten. • Das Tomatenmark mit dem Oregano, dem Öl, dem Salz und dem Pfeffer verrühren. • Die Paprikaschoten waschen, abtrocknen, von Stielansätzen, Rippen und Kernen befreien und in 1 cm breite Streifen schneiden. Die Tomaten kreuzweise einschneiden, überbrühen, kalt abschrecken, häuten, in Scheiben schneiden und dabei die Stielansätze entfernen. Die Oliven halbieren und entsteinen. Die Pilze putzen, in einem Sieb abbrausen, abtropfen lassen und in Scheiben schneiden. Die Sardellenfilets längs halbieren. • Das Backblech mit Öl bestreichen. • Den Teig auf dem Blech ausrollen, einen kleinen Rand formen. Den Hefeteig zugedeckt noch einmal 10 bis 15 Minuten gehen lassen. • Das Tomatenmark auf den Teigboden streichen, mit einem Messer 16 Rechtecke darauf markieren. • Den Backofen auf 200° vorheizen. • Auf jedes Rechteck ein Kreuz aus Sardellenfilets legen und jeweils eine Gemüseart gefällig darauf arrangieren. • Die Oliven, den Käse und das Olivenöl auf den ganzen Kuchen verteilen. • Den Patchwork-Kuchen auf der mittleren Schiene des Backofens in etwa 35 Minuten goldgelb backen und heiß servieren.

Unser Tip: Statt der im Rezept vorgeschlagenen Gemüsesorten harmonieren auch andere Mischungen, wie zum Beispiel Zucchinischeiben mit Schalotten und etwas Knoblauch, Egerlinge, mit gehackter Petersilie gemischt, und Maiskörner, mit gewürfelter roter Paprikaschote vermengt. Wer Sardellen nicht mag, läßt sie einfach weg.

Tartes von südlichem Charakter

Beide Tartes werden warm serviert, in kleinen Mengen auch als Vorspeise

Camembert-Tarte

im Bild links

Zutaten für 1 Springform
von 26 cm Durchmesser:
200 g Weizenmehl · 75 g Butter
1 Eigelb · 2 Eßl. Milch
½ Teel. Salz · 250 g Camembert
5 Eier · 150 g Crème fraîche
1 Teel. Provence-Kräutermischung
1 Teel. frisch gemahlener schwarzer Pfeffer
Für die Form: Butter

Spezialität aus Frankreich

Bei 12 Stücken pro Stück etwa:
1300 kJ/310 kcal · 13 g Eiweiß
23 g Fett · 13 g Kohlenhydrate

Vorbereitungszeit: 40 Minuten
Ruhezeit: 30 Minuten
Backzeit: 40 Minuten

Aus dem Mehl, der Butter, dem Eigelb, der Milch und dem Salz einen Mürbeteig kneten und diesen 30 Minuten im Kühlschrank ruhen lassen. • Vom Camembert die äußere weiße Schicht dünn abschneiden, den Käse in ½ cm dicke Scheiben schneiden. Die Eier mit der Crème fraîche verquirlen und mit den zerriebenen Kräutern und dem Pfeffer kräftig würzen. • Den Backofen auf 200° vorheizen. Die Form mit Butter ausstreichen. • Den Teig ausrollen, die Form damit auskleiden und einen Rand formen. • Die Käsescheiben auf dem Teigboden verteilen, die Eiersahne darübergießen und die Tarte auf der mittleren Schiene 40 Minuten backen.

Oliventarte

im Bild rechts

Zutaten für 1 Springform von 26 cm Durchmesser:
450 g tiefgefrorener Blätterteig
250 g Champignons
120 g Möhren
2 Frühlingszwiebeln
4 Eßl. Butterschmalz
600 g gemischtes Hackfleisch
100 g gefüllte grüne Oliven
100 g Crème fraîche
50 g frisch geriebener Emmentaler Käse
je ½ Teel Salz und frisch gemahlener schwarzer Pfeffer
1 Messerspitze Cayennepfeffer
je ½ Teel. getrockneter Oregano und Thymian · 1 Eigelb

Spezialität aus Spanien

Bei 12 Stücken pro Stück etwa:
1510 kJ/360 kcal · 16 g Eiweiß
28 g Fett · 14 g Kohlenhydrate

Vorbereitungszeit: 1 Stunde
Backzeit: 1 Stunde

Den Blätterteig bei Raumtemperatur auftauen lassen. • Die Pilze putzen und in Scheiben schneiden. • Die Möhren schaben, waschen und raspeln. • Die Frühlingszwiebeln putzen, waschen und in Ringe schneiden. • Das Butterschmalz erhitzen, die Pilze, die Möhren und die Zwiebeln darin 8 Minuten braten und aus der Pfanne nehmen. • Das Hackfleisch im verbliebenen Bratfett anbraten, dabei mit dem Pfannenwender zerstoßen und mit dem Gemüse mischen. Die Oliven, die Crème fraîche und den Käse unter die Füllung mengen und diese mit dem Salz und den Gewürzen kräftig abschmekken. • Den Backofen auf 200° vorheizen. • Zwei Drittel des Blätterteigs in Größe der Form ausrollen, diese damit auslegen und einen etwa 4 cm hohen Rand formen. • Die Füllung auf den Teigboden verteilen. • Den übrigen Teig etwas größer als die Form ausrollen und in die Mitte ein kleines Loch schneiden. Die Teigplatte auf die Füllung legen und rundherum mit dem Rand zusammendrücken. • Die Tarte mit dem verquirltem Eigelb bestreichen, 1 Stunde backen.

Gefüllte Wespennester

Ein reizvolles Gebäck, das warm oder kalt schmeckt

Zutaten für 1 Springform von
26 cm Durchmesser:
Für den Hefeteig:
400 g Weizenmehl
½ Würfel Hefe (21 g)
1 Prise Zucker
4 Eßl. lauwarme Milch
1 Prise Salz
3 Eßl. Olivenöl
etwa 0,2 l lauwarmes Wasser
Zum Füllen:
3 mittelgroße Zwiebeln
250 g gekochter Schinken in nicht zu dünnen Scheiben
2 Eßl. Butter
2 Eßl. Sesam
1 Bund Petersilie
½ Teel. Salz
1 Teel. frisch gemahlener schwarzer Pfeffer
1 Messerspitze gemahlener Kümmel
1 Eigelb
Für die Form: Butter

Braucht etwas Zeit
Etwas schwierig

Bei 7 Stücken pro Stück etwa:
1720 kJ/410 kcal · 17 g Eiweiß
17 g Fett · 46 g Kohlenhydrate

Vorbereitungszeit: 50 Minuten
Ruhezeit: 1½ Stunden
Backzeit: 50 Minuten

Das Mehl in eine Schüssel schütten und in die Mitte eine Mulde drücken. Die Hefe hineinbröckeln, mit dem Zucker bestreuen, der Milch verrühren und zugedeckt etwa 25 Minuten gehen lassen. • Den Hefevorteig mit dem gesamten Mehl, dem Salz, dem Öl und so viel lauwarmem Wasser verkneten, daß ein geschmeidiger Teig entsteht, der sich gut vom Schüsselrand löst. Den Hefeteig mit etwas Mehl bestäuben und zugedeckt 50 Minuten gehen lassen. Die Teigmenge soll sich während dieser Zeit verdoppeln. • Die Zwiebeln schälen und feinhacken. Den Schinken vom Fettrand befreien und in schmale Streifen schneiden. • Die Butter erhitzen, die Zwiebelwürfel darin glasig braten, die Schinkenstreifen hinzufügen und unter Umwenden von allen Seiten anbraten. Den Sesam unter die Zwiebel-Schinken-Mischung mengen und vom Herd nehmen. • Die Petersilie abbrausen, trockenschleudern, die Blättchen von den Stielen zupfen und hakken. Die Petersilie unter die Füllung mischen und diese kräftig mit dem Salz, dem Pfeffer und dem Kümmel würzen. • Die Form mit Butter ausstreichen. • Den Hefeteig noch einmal kräftig durchkneten und auf einer leicht bemehlten Arbeitsfläche zu einem Rechteck von 40 × 50 cm ausrollen. Die Füllung auf den Teig streichen und diesen von der Längsseite her aufrollen. Die Rolle in 7 gleich dicke Scheiben schneiden, mit der Schnittfläche nach oben kranzförmig in die Springform setzen und zugedeckt 15 Minuten gehen lassen. • Den Backofen auf 200° vorheizen. • Das Eigelb mit etwas Wasser verquirlen und die Teigoberfläche damit bestreichen. • Die Wespennester auf der mittleren Schiene des Backofens in 50 Minuten goldbraun backen.

Unser Tip: Statt der Schinken-Zwiebel-Füllung kann man die Wespennester auch mit einer Mischung aus 2 Teilen leicht gesalzenen, grobgehackten Erdnüssen, 1 Teil in Butter braungebratenen Semmelbröseln und 1 Teil knusprig ausgebratenen Speckwürfeln füllen. In diesem Fall bestreicht man sie vor dem Backen nicht mit Eigelb, sondern mit reichlich zerlassener Butter.

Quiche mit Ratatouille

Eine köstliche Spezialität in Teigkruste, mit einer Sahnecreme durchzogen

Zutaten für 1 Springform von 28 cm Durchmesser:
Für die Ratatouille:
- 350 g Auberginen
- 500 g Zucchini
- 250 g Zwiebeln
- je 2 rote und grüne Paprikaschoten
- 4 Knoblauchzehen
- 500 g Fleischtomaten
- 6 Eßl. Olivenöl
- je 1 Teel. Salz und frisch gemahlener weißer Pfeffer
- je 1 Bund Basilikum und Petersilie

Für den Mürbeteig:
- 250 g Weizenmehl
- ½ Teel. Salz
- 125 g kalte Butter · 1 Eigelb

Für die Creme:
- je ⅛ l Sahne und Crème fraîche
- 2 Eier
- 150 g frisch geriebener Greyerzer Käse

Für die Form: Butter

Braucht etwas Zeit
Etwas teurer

Bei 12 Stücken pro Stück etwa: 1760 kJ/420 kcal · 12 g Eiweiß 31 g Fett · 22 g Kohlenhydrate

Vorbereitungszeit: 1 Stunde
Ruhezeit: 1 Stunde
Backzeit: 45 Minuten

Die Auberginen und die Zucchini waschen, trockenreiben und von den Stielansätzen befreien. Die Auberginen in 2 cm große Würfel, die Zucchini in 1 cm dicke Scheiben schneiden. Die Zwiebeln schälen und in Ringe schneiden. Die Paprikaschoten waschen, abtrocknen, vierteln, von den Stielansätzen, den weißen Rippen und den Kernen befreien und in gleichmäßig schmale Streifen schneiden. Die Knoblauchzehen schälen und kleinwürfeln. Die Tomaten kreuzweise einschneiden, überbrühen, häuten, vierteln und dabei die grünen Stielansätze entfernen. • Das Öl in einem Schmortopf erhitzen, die Zwiebelringe darin hellgelb braten, die Paprikastreifen und den Knoblauch unter Umwenden 2 Minuten mitbraten, das übrige Gemüse, das Salz und den Pfeffer hinzufügen und alles zugedeckt bei schwacher Hitze 20 Minuten schmoren lassen. • Die Kräuter waschen, trockenschleudern, die Blättchen von den Stielen zupfen und hacken. • Für den Teig das Mehl mit dem Salz mischen, auf eine Arbeitsfläche schütten und in die Mitte eine Vertiefung drükken. • Die Butter in Flöckchen auf den Mehlrand schneiden. Das Eigelb und 2 Eßlöffel eiskaltes Wasser in die Mulde geben, alles rasch zu einem glatten, geschmeidigen Teig verkneten. Den Mürbeteig in Alufolie wickeln und 1 Stunde in den Kühlschrank legen. • Das Gemüse abkühlen und in einem Sieb die Schmorflüssigkeit abtropfen lassen. Die gehackten Kräuter untermischen. • Die Sahne mit der Crème fraîche, den Eiern und dem Käse verquirlen und unter die Ratatouille mengen. • Den Backofen auf 200° vorheizen. Die Form mit Butter ausstreichen. • Den Teig auf einer leicht bemehlten Arbeitsfläche etwas größer als die Form ausrollen, die Form damit auslegen und einen etwa 5 cm hohen Rand formen. Die Ratatouille einfüllen und die Quiche auf der mittleren Schiene des Backofens 45 Minuten backen. • Die Quiche schmeckt am besten warm serviert.

Unser Tip: Vollwertig wird die Quiche, wenn Sie für den Mürbeteig statt Auszugsmehl frisch gemahlenes Weizen-Vollkornmehl verwenden.

Die wichtigsten Backzutaten

Getreide und Getreideprodukte sind seit Jahrtausenden die Grundlage für eine gesunde Ernährung, lediglich die Art ihrer Zubereitung wandelte sich im Lauf der Zeiten. Ursprünglich rührte man aus zerstoßenen Körnern und Wasser einen Brei, der später auf heißen Steinen zu Fladen getrocknet wurde. Bereits im Mittelalter entwickelte man die Fertigkeit des Brotbackens und noch heute stellt Brot einen wesentlichen Bestandteil unserer Ernährung dar. Über den gesundheitlichen Aspekt hinaus ist der Genuß von selbstgebackenem, duftendem Brot ein besonderes Erlebnis.

Auszugsmehl und die Bezeichnungen

Um Mehl haltbar zu machen, suchte man im Industriezeitalter nach Methoden, die fetthaltigen Randschichten und den Keim des Korns beim Mahlen zu entfernen. So entstanden die feinen weißen Auszugsmehle, die nur noch aus dem Stärkekern bestehen und denen mit den Randschichten und dem Keim auch lebenswichtige Vitalstoffe wie Vitamine, Mineralstoffe und Spurenelemente entzogen wurden. Auszugsmehl ist im Handel unter verschiedenen Typenbezeichnungen erhältlich, wobei mit der genannten Zahl jeweils der Ausmahlungsgrad angegeben wird. So sind beispielsweise in 100 g feinpulverigem, weißem Weizenmehl der Type 405 nur noch 405 mg Mineralstoffe enthalten. Je höher der Ausmahlungsgrad, um so mineralstoffreicher und dunkler ist die Mehlsorte, wobei es sich aber noch keineswegs um Vollkornmehl handelt. Mehl der Type 550 unterscheidet sich kaum von Type 405, Weizenmehl der Type 1050 ist ein dunkleres Mehl mit kräftigem Geschmack. Roggenmehl der Type 815, 1150 und 1370 sind feingemahlen, Type 1800 ein nährstoffreicheres, kräftig schmeckendes Mehl. Vollkornmehl und -schrot enthalten etwa 2000 mg Mineralstoffe pro 100 g. Schrot ist die gröbste Mehlart. Dafür werden die Getreidekörner mehr gebrochen als gemahlen.

Einkauf und Lagerung von Getreide

Zum Backen von Vollkornbroten ist es ratsam, möglichst nur frisch gemahlenes Mehl zu verwenden. Getreide ist eine »Naturkonserve«; in einem trockenen Raum hält es sich bei Zimmertemperatur, in Jute- oder Leinensäckchen oder in einem offenen Karton jahrelang frisch. Hafer sollte man nicht länger als 1 Jahr lagern.
In Reformhäusern und Naturkostläden ist Getreide aus biologischem Anbau erhältlich. Das Getreide muß gereinigt sein. Es darf weder Schmutz und Unkrautsamen, noch das etwas größere, deutlich erkennbare, schwärzliche Mutterkorn, das heute wieder häufiger vor allem in Roggen vorkommt, enthalten. In größeren Mengen verzehrt (5 bis 10 g) ruft es lebensgefährliche Vergiftungserscheinungen hervor.
Kauft man direkt vom Erzeuger Getreide der neuen Ernte, sollte man darauf achten, daß es lange genug nachtrocknen konnte; man sollte es möglichst nicht vor Mitte November einlagern. Trockenes Getreide läßt sich gut einfrieren.

Die Getreidesorten und andere Zutaten

Weizen
ist das bedeutendste Brotgetreide, da es dank seines hohen Gehaltes an Gluten und Klebereiweiß hervorragende Backeigenschaften besitzt. Kleber läßt das Mehl gut quellen und bindet beim »Gehen« von Hefe die sich entwickelnden Kohlensäurebläschen. Das Ergebnis ist ein lockeres Brot. Weizen ist leicht verdaulich und enthält viel Vitamin B 1.

Roggen
ist ernährungsphysiologisch dem Weizen gleichzusetzen, enthält aber kaum Kleberanteile. Roggenmehl oder -schrot braucht zur Teiglockerung Backferment oder Sauerteig, Hefe reicht nicht aus. Man mischt Roggenmehl häufig mit Weizenmehl; das Brot wird dadurch lockerer. Roggen stellt wenig Ansprüche an Boden und Klima, er wächst auch in Gebirgsgegenden und in Ländern des Nordens.

Grünkern
ist unreif geernteter Dinkel und eine alte Kulturform des Weizens. Durch das Darren werden die rötlichen Körner hart und olivgrün. Sein würziges, nußartiges Aroma entfaltet sich dabei. Wie Weizen mischt man ihn seines hohen Klebergehaltes wegen zum Brotbakken häufig unter Roggenmehl.

Dinkel (Spelzweizen)
Eine Urform des Weizens (siehe auch Grünkern), die wieder häufiger angebaut wird. Dinkel ist reich an Eiweiß und Mineralstoffen. Weizenbrot kann genauso gut mit Dinkelmehl gebacken

werden, es ist dann sogar noch etwas länger haltbar.

Buchweizen (Heidekorn)
Samen eines Knöterichgewächses, die wie Getreide verwendet werden. Da Buchweizen in chemisch gedüngter Erde nicht gedeiht, erübrigt sich die Frage nach biologischem Anbau. Buchweizen ist leicht verdaulich, Grütze (gebrochene Körner) ist preiswerter und eignet sich gut zum Feinmahlen.

Gerste
Mineralstoffreich und leicht verdaulich ist sie als Heilnahrung unter anderem für Magen, Darm und Leber bekannt. Als spelzenlose Züchtung ist Nacktgerste erhältlich. Zum Brotbacken eignet sich Gerste nicht so gut, weil ihr Gluten und Klebereiweiß nahezu ganz fehlen. Sie wird anderen Mehlsorten in kleineren Mengen beigemischt, da reine Gerstenbrote schnell austrocknen.

Hafer
Von allen Getreidesorten die fett- und eiweißreichste. Außerdem enthält Hafer 25% mehr Vitamin B 1 als Weizen. Eine spelzenlose Züchtung ist Nackthafer. Hafermehl eignet sich nur mit Weizen gemischt zum Brotbakken, weil ihm eine spezielle Eiweißart fehlt. Haferkörner, deren leicht nußartiges Aroma durch Rösten noch verstärkt wird, geben dem Brot einen kräftigen Geschmack.

Haferflocken
Zwischen Walzen zu Flocken gepreßte Haferkörner, die vorher gedämpft und gedarrt wurden. Für kernige oder grobe Haferflokken preßt man das ganze Korn, für zarte Haferflocken nimmt man geschrotetes Getreide. Grobe Haferflocken werden beim Brotbakken unter den Teig geknetet oder auf den geformten Brotlaib gestreut.

Hirse
ist das mineralstoffreichste Getreide mit besonders hohem Kieselsäuregehalt. Sie enthält außerdem viele fettlösliche Vitamine, Eiweiß und Spurenelemente. Das kleine goldgelbe Korn ist anspruchslos und gedeiht auch in großer Dürre, es zählt daher in Afrika auch heute noch zu den Grundnahrungsmitteln. Als Symbol der Fruchtbarkeit und des Wohlstands durfte früher Hirsebrei traditionell auf keiner Hochzeitstafel fehlen. Hirse ist leicht verdaulich. Da Hirsemehl kein Gluten enthält, kann es beim Brotbacken nur als Zusatz zu anderen Mehlsorten verwendet werden, rundet den Geschmack des Brotes aber ab und macht es knuspriger.

Mais
Das größte Korn unter den Getreidesorten stammt aus Peru und Mexiko und wurde bereits von den Indianern kultiviert. Kein anderes Getreide wird so vielseitig verarbeitet, ob es nun als Rohstoff für amerikanischen Whiskey, Salatöl, frisch oder konserviert als Gemüse oder als Tierfutter Verwendung findet. Maismehl ist glutenfrei und muß daher beim Brotbacken immer mit anderen Mehlsorten gemischt werden. Es eignet sich nicht für Hefeteige und wird am besten wie Kuchenteig mit Backpulver verarbeitet. Nur in Vollmaismehl ist der Keim enthalten. Maisgrieß, auch als Polenta oder Kukuruz im Handel, wird wie normales Maismehl aus dem entkeimten Korn gewonnen und grob bis fein geschrotet.

Naturreis (Vollreis)
Wie bei den meisten Getreidearten sind in den Randschichten und im Keim des Reiskorns die wertvollsten Bestandteile enthalten. Man sollte daher nur ungeschälten und unpolierten Naturreis verzehren. Reismehl wird in kleinen Mengen dem Brotteig beigemischt. Für diätetische Zwecke bäckt man Fladenbrote auch aus reinem Reismehl.

Sojabohnen
Hitzebehandelte Sojabohnen werden zu goldgelbem, puderfeinem Vollsojamehl vermahlen. Der giftige Trypsinhemmer, den alle Hülsenfrüchte enthalten, wird durch das Erhitzen unschädlich gemacht. Wer selbst Sojamehl mahlt, sollte die Bohnen daher vor dem Schroten immer erst rösten. Sojamehl enthält keine bindende Stärke und wird daher anderen Mehlsorten zugefügt. Es verlängert die Haltbarkeit des Brotes, verbessert die Schnittfestigkeit und den Geschmack sowie die Struktur der Krume. Es wird auch für Backerzeugnisse der Nahrungsmittelindustrie verwendet.

Hefe
ist ein biologisches Teigtriebmittel. Hefe bewirkt genau wie Sauerteig, daß die Enzyme den

Würzzutaten für Brote

im Mehl enthaltenen Zucker in Kohlensäure und Alkohol spalten, was durch die sich bildenden Bläschen beim »Gehen« der Hefe sichtbar wird. Frische Hefe erhält man zu Würfeln von 42 g gepreßt, getrocknete in Portionspackungen von 7 g. Bei beiden Sorten ist das Haltbarkeitsdatum zu beachten. Frische Preßhefe hat eine hellgraue Farbe, ohne dunkle Verfärbungen, ist geschmeidig weich und hat keine ausgetrocknete, rissige Oberfläche. Im Kühlschrank aufbewahrt hält sich Preßhefe 1 Woche frisch, danach hat sie bereits Triebkraft eingebüßt. Trockenhefe wurde bei einer Temperatur von 60 Grad im Vakuum getrocknet; sie wird erst im Teig wieder »lebendig«. Man kann sie 6 bis 12 Monate aufbewahren.

Sauerteig
eignet sich besonders zum Backen von dunklen Broten, wie beispielsweise Roggenbrot. Natursauerteig, ohne Konservierungsmittel hergestellt, erhält man beim Bäcker, im Reformhaus oder Naturkostladen, aber auch in gut sortierten Supermärkten, in Folie verschweißt zu 150 g. Sauerteig-Extrakt ist als Granulat oder Pulver in 15 g-Packungen im Handel. Bei flüssigem Sauerteig und bei Sauerteig-Extrakt ist das Haltbarkeitsdatum zu beachten. Wie man Natursauerteig selbst herstellt, wird auf den Seiten 8 bis 11 genau beschrieben. Sauerteig-Extrakt ist hilfreich als »Starter« für selbstbereiteten Sauerteig.

Backferment
ist ein natürliches Teiglockerungsmittel in Pulverform aus vergorenem Honig und Weizen. Es hat die gleiche Wirkung wie Sauerteig, macht die Brote aber milder im Geschmack. Wenn das Haltbarkeitsdatum überschritten ist, hat Backferment kaum noch Triebkraft.

Backpulver
zählt zu den chemischen Lockerungsmitteln, die während des Backens Kohlensäure abgeben. Wenn man es auch sparsam verwenden sollte, so macht es doch die Teigmasse durch die erzielte Lockerung erst verdaulich. In Reformhäusern und Naturkostläden ist das wesentlich teurere *Weinstein-Backpulver,* das aus natürlichem Weinstein gewonnen wird, erhältlich.

Olivenöl
wird als Würzöl häufig bei der Zubereitung von Pizzen, herzhaften Kuchen und Broten verwendet. Da die wertvollen kaltgepreßten, unraffinierten Öle schneller ranzig werden, ist es ratsam, nur kleine Mengen einzukaufen. Man bewahrt sie dunkel und kühl, also am besten im Kühlschrank, auf.

Parmesankäse
Würzig-scharfer italienischer Hartkäse aus leicht entrahmter Kuhmilch, der sich gut zum Überbacken und für pikante Füllungen eignet. Man sollte ihn nur frisch gerieben verwenden, da er schnell austrocknet und sich sein feines Aroma dann verflüchtigt.

Emmentaler Käse
Grob- oder feingerieben mischt man ihn unter Hefe- oder Mürbeteig, streut ihn vor dem Backen auf die Brote, arbeitet ihn unter Gemüse- oder Fleischfüllungen oder vermengt ihn mit Sahne und Eiern, um eine goldgelbe Käsehaube über Tartes und Quiches zu erhalten. Emmentaler hat 45 % Fettgehalt in der Trockenmasse und ist daher kalorienreich.

Meersalz
enthält gegenüber dem normalen Kochsalz mehr Mineralstoffe, wie Jod, Magnesium und Calcium. Wenn auch das Salz im Brot die Haltbarkeit und die Struktur der Krume verbessert, so sollte man doch aus gesundheitlichen Gründen sparsam damit umgehen. Zum Bestreuen von Brötchen, Laugenbrezen und Salzstangen wird grobes Salz, auch Hagelsalz genannt, verwendet.

Würzzutaten für Brote

Anis
Ein beliebtes, seit Jahrtausenden bekanntes Backgewürz. Die Samenkörner der Anispflanze schmecken süßlich-herb; man sollte sie möglichst nur frisch gemahlen oder im Mörser zerstoßen verwenden, da sie ihr würziges Aroma rasch verlieren. In der Heilkunde, aber auch zur Herstellung von Likören und Schnäpsen spielt Anisöl eine Rolle.

Fenchel
enthält ein appetitanregendes, ätherisches Öl, das Blähungen verhindert. Außerdem sind die Samen ein natürliches Mittel gegen Husten und im ganzen oder gemahlen als feines Brotgewürz, mit leicht süßlichem Aroma, geschätzt. Am besten mahlt man sie mit dem Getreide erst kurz vor dem Backen. Wegen seiner starken Würzkraft Fenchel sparsam dosieren!

Zuckerrübensirup

Honig

Kümmel

Kardamom

Koriander

Fenchel

geschälte Kürbiskerne

ungeschälter Sesam

weichschalige Kürbiskerne

Kümmel
hat die gleichen heilenden Wirkungen wie Fenchel. Er ist aber auch das Brotgewürz schlechthin und trägt nicht nur zur Geschmacksabrundung, sondern auch zur besseren Bekömmlichkeit des Brotes bei. Kümmel ebenfalls am besten frisch gemahlen verwenden.

Zuckerrübensirup (Rübenkraut)
zählt zu den alternativen Süßungsmitteln der Vollwertküche, sollte jedoch wie alle Süßungsmittel nur sparsam verwendet werden. Man gewinnt ihn, indem man erntefrische Rüben bei geringen Temperaturen unter Vakuum eindickt, so daß lediglich ein Wasseranteil von etwa 22 % übrig bleibt. Rübenkraut hat keine chemischen Zusätze.

Honig
Mit flüssigem Honig kann man Hefe für Vollkornbrote auflösen, wobei deren Triebkraft erhöht wird. Honig lockert außerdem den Teig. Durch die Backhitze gehen einige wertvolle Inhaltsstoffe des Honigs verloren und deshalb ist teurer Imkerhonig, der nicht über 40° erhitzt sein darf, zum Backen fast zu schade. Importhonig ist preiswerter. Er ist bereits erhitzt, unterliegt aber ebenfalls strengen Qualitätskontrollen. Relativ geschmacksneutraler Blütenhonig ist zum Süßen von Teigen am geeignetsten.

Kardamom
ist eines der ältesten und teuersten Gewürze. Man gewinnt ihn aus der getrockneten Fruchtkapsel einer Ingwerstaude, die in Indien und Guatemala angebaut wird. Kardamom duftet aromatisch und schmeckt feurig-würzig. Außer Brot würzt man in der Weihnachtsbäckerei die Lebkuchen mit Kardamom.

Koriander
Kombiniert mit Anis, Fenchel und Kümmel das ideale Brotgewürz. Die Körner haben einen kräftigen, leicht süßlichen Geschmack und können im ganzen oder gemahlen verwendet werden.

Sesam
ist der helle, sehr ölhaltige Samen der Sesampflanze. Sesamsamen werden geschält oder ungeschält angeboten, wobei man für rustikale Backwerke wie Brot eher ungeschälte Samen verwendet. Man knetet die Samen unter den Teig oder wälzt die geformten Brote darin. Sein nußartiges Aroma kommt besonders zur Geltung, wenn man Sesam in einer trockenen Pfanne kurz anröstet.

Sonnenblumenkerne
werden grobgehackt oder im ganzen unter den Teig geknetet oder auf das Brot gestreut. Sie sind sehr ölhaltig und daher auch ziemlich kalorienreich. Sonnenblumenkerne reichern das Gebäck mit Eiweiß und Mineralstoffen an. Wie Nüsse kann man sie nicht zu lange lagern; sie werden ranzig.

Kürbiskerne
Wie Sonnenblumenkerne enthalten sie wertvolles Öl, Eiweiß und Mineralstoffe und backen sich weich, so daß sie unzerkleinert unter den Teig geknetet werden können.

Mohn
Die sehr ölhaltigen Samen der Mohnpflanze werden hauptsächlich gemahlen, nach dem Aufkochen mit Milch, für Füllungen von herzhaften und süßen Kuchen verwendet. Mohn läßt sich gut im Mixer oder Universalzerkleinerer mahlen. Die beliebten Mohnbrötchen werden vor dem Backen in Mohn gewälzt.

Pistazien
Die haselnußgroßen grünen Kerne kommen aus Zentral- und Nordasien, von den Mittelmeerländern und aus den USA. Grobgehackt runden die schmackhaften Nüsse Brotteig oder pikante Kuchenfüllungen besonders fein ab. Wegen ihres hohen Ölgehaltes werden sie schnell ranzig und verlieren bei längerer Lagerung ihre schöne grüne Farbe.

Pomeranzen (Bitterorangen)
sind in erster Linie Geschmacksträger zur Herstellung von Likören und Limonaden; sie eignen

Vollmilch

Buttermilch

Dickmilch

Joghurt

Sahnequark

Magerquark

Zitronen

Pistazien

Pistazienkerne

geschälter Sesam

geschälte Sonnenblumenkerne

Mohn

Backformen und praktische Küchenutensilien

sich nicht zum unmittelbaren Verzehr. Ihre Schale wird zu Orangeat verarbeitet oder abgerieben beim Backen als Gewürz verwendet. Statt Pomeranzenschale kann man auch die Schale von ungespritzten Zitronen nehmen.

Milch und Milchprodukte

Milch
Milch unterstützt die Hefegärung und macht Brot locker und weich. Nur Vorzugsmilch wird unverarbeitet und mit natürlichem Fettgehalt angeboten. Alle anderen Milchsorten werden homogenisiert und pasteurisiert oder ultrahoch erhitzt. Zum Backen sollte man Vollmilch verwenden.

Buttermilch
ist die Flüssigkeit, die bei der Herstellung von Butter aus Sahne übrig bleibt. Sie weist nur noch wenig Fettgehalt, dafür aber alle Nähr- und Wirkstoffe der Milch auf, wie Eiweiß, Lezithin, Calcium, Kalium und Vitamine. Der Buttermilch darf bis zu 10 % Wasser und bis zu 15 % entrahmte Milch oder Magermilchpulver zugefügt werden. *Reine Buttermilch* hat keinerlei Zusätze, sie ist dickflüssiger und schmeckt besser. Als Flüssigkeit beim Brotbacken lokkert sie den Teig und verleiht ihm ein feines Aroma.

Joghurt
eignet sich ebenfalls gut für Teige als Flüssigkeitsbeigabe. Sahnejoghurt hat einen Fettgehalt von 10 %, Vollmilchjoghurt mindestens 3,5 % und fettarmer Joghurt 1,5 %.

Dickmilch
ist dickgelegte Sauermilch, die im Becher oder Glas gesäuert wird. Sie ist in den Fettstufen der Milch und als Sahnedickmilch, mit 10 % Fettgehalt, erhältlich.

Quark (Weißkäse, Topfen)
Trockener Quark, das heißt, in einem Sieb oder Mulltuch gut abgetropfter Quark, kann Bestandteil verschiedener Teige sein. Quark-Öl-Teig oder Quark-Butter-Teig sind in der Zubereitung besonders einfache Teige, die ein leichtes Gebäck mit feinsäuerlichem Aroma garantieren. Außerdem lockert Quark Hefeteig. Magerquark ist zum Backen gut geeignet; er bietet außerdem den höchsten Anteil an wertvollem Milcheiweiß. Sahnequark ist cremiger in der Konsistenz. Man verwendet ihn für feine Farcen pikanter Törtchen, Quiches oder Tartes.

Backformen und praktische Geräte

Vor nicht allzu langer Zeit, als in den Städten der Brotbedarf längst durch die Bäckereien gedeckt wurde, war für die Bäuerin auf dem Lande die Versorgung ihrer Familie mit selbstgebackenem Brot noch eine ihrer vielfältigen Aufgaben, der sie sich 1 bis 2 Tage im Monat widmete. Zu den meisten Bauernhöfen gehörte damals ein spezieller Backofen oder ein Backhaus außerhalb des Wohngebäudes.
Immer mehr Hausfrauen in Stadt und Land haben heute wieder großen Spaß daran, nicht nur feine Kuchen und dekorative Torten für die festliche Kaffeetafel selbst zuzubereiten, sondern auch das tägliche Brot für sich und ihre Familie selbst zu backen. Nicht nur das ausgeklügelte Menü, sondern auch duftendes Brot aus dem eigenen Ofen schafft Anerkennung bei Gästen. Die Vorbereitungen zum Brotbacken sind denkbar einfach: Alles, was man zunächst einmal braucht, ist etwas Zeit und Geduld, ein paar interessante Rezepte, kräftige Hände zum Kneten und Formen des Teiges und einen gut funktionierenden Backofen mit dazugehörendem Backblech. In den meisten modernen Haushalten sind zur Erleichterung der Arbeit, beispielsweise des Knetens von schweren Teigen, praktische Hilfsmittel, wie ein elektrisches Handrührgerät oder gar eine Küchenmaschine, vorhanden. Und wer Brot aus der Form haben möchte, nimmt für den Anfang eine passende Kuchenform.
Für diejenigen, die die ersten gelungenen Versuche hinter sich gebracht und Lust auf mehr bekommen haben, oder für die ernsthaften Vollkornbrot-Bäcker stellen wir nachfolgend Backformen und praktische Geräte vor, die die Freude am Brotbacken noch steigern können.

Verschiedene Backformen

Das Backen in Backformen bietet mehr Sicherheit, weil der Teig, der vielleicht etwas zu feucht oder zu lange gegangen ist, nicht die Möglichkeit hat, sich in Breite und Länge auszudehnen. Das Angebot an Backformen für Brot ist mittlerweile recht groß und unüberschaubar geworden. Welche Formen Sie sich anschaffen sollten, richtet sich danach, ob Sie nur zum Vergnügen ab und zu Brotbacken oder regelmäßig Ihre Familie mit selbstgebackenem Brot versorgen möchten, ob Sie Brot auf Vorrat backen und einfrieren oder nur jeweils für die nächsten Tage backen wollen und wie groß Ihr Backofen ist. Alle im Haushalt vorhandenen Kastenkuchen- und Springformen oder Tortenringe in den gängigen Größen kann man auch zum Brotbacken verwenden. Römertopf, Blumentöpfe, flache schwere Eisentöpfe und -pfannen oder

normale Kastenformen
extrabreite Brotformen
Tonformen
runde Brotform
Briocheförmchen
Brotformen für kleine Brote
Teigschaber
Backthermometer

Bratfolie eignen sich ebenfalls gut dafür.
Spezielle Kastenformen für Brote sind 20, 25, 30 oder 35 cm lang und meist etwas breiter als die für Kuchen. Eine rechteckige Form mit vier Kammern bietet die Möglichkeit, aus einer Teigmasse vier kleine Brote zu backen. Briocheförmchen in verschiedenen Größen lassen sich Liebhaber dieses köstlichen französischen Frühstücksgebäcks am besten einmal schenken. Runde wie eckige Brotformen gibt es in verschiedenen Materialien wie Weiß- und Schwarzblech, Aluminium, feuerfestem Glas, Keramik, Ton oder beschichtetem Material.

Hilfreiche Geräte

Wer bisher Kuchen gebacken hat, wird die wichtigsten Utensilien, die zum Brotbacken nötig sind, nicht neu kaufen müssen. Teigschaber und Rührschüsseln in verschiedenen Größen, einen Meßbecher, große und kleinere Rührlöffeln, Backpinseln zum Bestreichen und ein Kuchengitter zum Abkühlen der Brotlaibe, eine Küchenschere und einen Brottoaster werden Sie bereits zur Verfügung haben. Teigschüsseln aus Edelstahl sind besonders empfehlenswert, da sie beim Gehen des Teiges Wärme gut aufnehmen. Sauerteig darf nicht in Plastikschüsseln gären. Ein Rollholz (Teigroller) mit abnehmbaren Griffen ist praktisch, wenn der Teig direkt auf dem gefetteten Backblech ausgerollt wird.
Da die Backtemperatur das Gelingen des Brotes erheblich beeinflußt und die Herde gelegentlich mit Abweichungen von der angegebenen Temperatur arbeiten, ist es sinnvoll, die Temperatur mit einem Backthermometer, das in guten Haushaltswarengeschäften erhältlich ist, zu überprüfen.
Schwere Hefe- und Sauerteige von Hand zu kneten strengt an; ein elektrisches Handrührgerät mit Knethaken oder eine Küchenmaschine nehmen dabei viel Arbeit ab. Verschiedene Fabrikate von Küchenmaschinen lassen sich zudem problemlos mit einem Mahlvorsatz für Getreide ausrüsten.
Wer Korbbrote mit dem typischen Rillenmuster backen will, braucht dafür einen länglichen oder runden Peddigrohrkorb, in dem man den Brotteig gehen läßt, bevor man ihn zum Backen auf das Blech stürzt.

Überlegungen zum Kauf einer Getreidemühle

Kaffeebohnen und Gewürze selbst zu mahlen, ist für Feinschmecker, des Aromas und der Frische wegen, nichts Ungewöhnliches. Damit für Gerichte aus Vollgetreide und beim Backen von Vollkornbroten keine Wertstoffe verlorengehen, kann auf frisch gemahlenes Mehl, das unverzüglich weiterverarbeitet wird, ebenfalls nicht verzichtet werden. Daß sich nämlich die hochwirksamen Vitalstoffe und das Aroma des Frischmehls bereits einige Stunden nach dem Mahlen des Getreides reduzieren, ist noch viel zu wenig bekannt.
Wenn Sie erst einmal probieren wollen, Vollkornbrote selbst zu backen, ist es sinnvoll, sich die benötigte Menge Getreide beim Einkauf im Reformhaus oder Naturkostladen frisch mahlen zu lassen. Auf längere Sicht und bei konsequenter Einstellung zur Vollwertkost wird allerdings die Anschaffung einer Getreidemühle für den eigenen Haushalt unumgänglich sein.
Es werden inzwischen so viele Mühlen angeboten, daß jeder für seinen persönlichen Bedarf das passende Gerät finden kann. Wie gesagt, verschiedene Küchenmaschinen bieten bereits die Möglichkeit, mit einem Mahlvorsatz ausgerüstet zu werden. Kleine Getreidemühlen, die man von Hand bedient, sind mit einem Anschaffungspreis unter 100 DM meist die preiswertesten. Wenn man häufiger Brot backen will, sollte man sich allerdings zu einer elektrischen Getreidemühle entschließen, mit der das Mahlen kaum Arbeit macht. Ob das Mahlwerk aus Stein, Edelstahl oder spezieller Keramik gefertigt ist, spielt für das Mahlergebnis eine Rolle. Obwohl für die meisten Brote gröberes Mehl ausreicht, sollte die Mühle in der Lage sein, auch feingemahlenes Mehl zu produzieren. So hat man die Möglichkeit, auch einmal zartes Gebäck oder Nudeln aus Vollkornmehl herzustellen. Von grobem Mehl müßte man sonst die Kleie, die sich noch für Müslis verwenden läßt, extra aussieben.
Große Getreidemühlen sind nicht unter 500 DM erhältlich, mittlere kosten zwischen 140 und 300 DM. Am besten ist es, wenn die Beratung beim Kauf des Gerätes eine Vorführung des Getreidemahlens beinhaltet. Über genaue technische Details geben die Prospekte der Hersteller Auskunft. Informieren Sie sich darin auch über Mühlen, die der Händler gerade nicht auf Lager hat.

Der Inhalt des Buches von A bis Z

Der Inhalt des Buches von A bis Z

T

V

W

Z

„Tischlein, deck dich…!“

288 Seiten, 29,80 DM, ISBN 3-7742-3173-7

144 Seiten, 39,90 DM, ISBN 3-7742-3391-8

280 Seiten, 39,80 DM, ISBN 3-7742-3371-3

Ob internationale Spezialitäten, Köstlichkeiten für besondere Gelegenheiten oder raffinierte Rezept-Ideen für die Jeden-Tag-Küche. Was auch immer Sie auf den Tisch zaubern wollen, hier finden Sie eine Fülle von Anregungen für Alltag, Feste und Gäste.